Maestría Cuántica

La ciencia del saber manifestar

Miguel Angel Camiletti Sáez

Maestría Cuántica – La ciencia del saber manifestar
1ª edición.
Santiago, Chile.
ISBN: 978-956-418-381-7
Portada: Agustín Mas Layi

DEDICATORIA

Este libro va dedicado a toda la gente que conforma la gran mayoría de la población del mundo. Especialmente, para quienes, embargados por sus creencias reductivas, han vivido la vida entera creyendo que deben aceptar su realidad tal y como la perciben, sin ninguna posibilidad de variarla. Como alguna vez me sucedió a mí, desconocen los sencillos pasos que deben ejecutar para cambiar su situación actual, mediante avances necesarios que les permitirán tomar el control y protagonismo de sus propias existencias.

También, lo quiero ofrendar a las personas que estuvieron, están o estarán, sumergidas en una profunda depresión, como la que, hace un par de décadas debí enfrentar. Un flagelo cruel y avasallador que no sabe de razones ni menos de compasión.

Hoy estoy muy consciente acerca del nivel de complejidad que reviste una invalidante condición de salud como esa, tan impredecible y peligrosa para la vida de quienes la padecen. Vayan mis saludos afectuosos de apoyo y empatía para ellos, esperando que, como a mí, los métodos que aquí les presento, se traduzcan en un renacer terrenal y espiritual, que los acompañe permanentemente en el tiempo.

Por último, quisiera precisar que en esta entrega he incluido los pasos de la técnica de los "Treinta grados", con el propósito de dedicarla a los lectores de mi primer libro, quienes esperaban pudiera enseñarla en algún minuto. Agregar que, al igual que con el resto de las técnicas descritas aquí, será responsabilidad del usuario su utilización efectiva, ya que antes de ponerla en práctica, es necesario tomar conocimiento de lo que ello conlleva. Esto, recordando que se trata de un método muy peculiar, que permite acceder a otros niveles de consciencia y posterior comprensión de la propia existencia. Para asimilar de mejor manera y prevenir el riesgo de que algún lector pudiera sentirse transgredido en el entendimiento de esta técnica de enforque sobrenatural, sugiero leer la historia de la misma, así como los detalles que derivaron en las conclusiones obtenidas durante su proceso de comprobación.

CONTENIDO

AGRADECIMIENTOS

Vayan mis más sinceros agradecimientos a quienes confiaron en este proyecto, cuyo objetivo principal es entregar un especial y poderoso conocimiento. Estoy seguro de que, después de leer este libro, nada para el lector volverá a ser igual.

Con mucho cariño, agradezco a mis lectores test, quienes, durante el proceso de revisión, se tomaron la molestia de relatarme el impacto positivo que este libro provocó en sus emociones. "Mientras iba leyendo, sentía como si un potente rayo de energía me hubiera estado embargando. Al finalizar, no daba crédito al increíble efecto vigorizante que generó en mí", aseguró uno de ellos.

PRÓLOGO

Mientras sufría como jamás antes lo hice en mi vida, abrumado por una profunda y severa depresión, que me embargó hasta por poco terminar con mi existencia, tuve un gran e inesperado golpe de suerte, que me llevó a investigar los pormenores de la metafísica y, como consecuencia, ahondar en algunas llamativas técnicas de manifestación. Las revisé a fondo, hasta que comencé a utilizarlas de manera recurrente, con la fiel esperanza de que me rescataran del paupérrimo y oscuro estado mental en el que entonces me encontraba.

Pese a que puse todo de mi parte para que la aplicación de los supuestos milagrosos métodos surtiese el efecto esperado, los buenos resultados nunca llegaron. Aquello me frustró y me hizo perder las escasas esperanzas de vida que me quedaban.

Decidido a jugarme el último aliento, antes de acudir a una trágica decisión, tomé cada una de las fórmulas estudiadas y comencé a crear mi propio conjunto de métodos y técnicas. Después de todo, tiempo atrás, había creado una exclusiva forma para ver espíritus y las energías de los vivos. Le llamé, "Treinta grados" (la revelo en este libro). Pude comprobar su efectividad cuando comencé a enseñarla a otros y me di cuenta de sus asombrosos resultados.

Con una convicción que mi mente desconocía, invertí más de cinco años en estructurar mis primeros mecanismos de manifestación. Nunca en mi vida había dedicado tanto tiempo a indagar alguna materia, ni siquiera una que tuviera que ver con mi profesión. Si hasta me esmeré por aplicar el método científico, con el genuino propósito de imprimirle algún grado certeza y seriedad a mis increíbles hallazgos.

Después de intentarlo de todas las formas posibles, mis

obstinadas indagaciones acerca de cómo tomar el control del inconsciente, comenzaron a rendir sus frutos. Mis simples, pero eficaces fórmulas, se convirtieron en verdaderas llaves de oro. Aquellos métodos eran diamantes puros, que con su uso me dieron grandes sorpresas, fortunas y satisfacciones indescriptibles.

La primera y más importante manifestación exitosa de mi vida, utilizando mis métodos, fue cuando conseguí dejar atrás mi implacable y severa depresión. Con la salud recuperada, despertó mi apetito, entonces, me propuse comenzar a cumplir todos mis sueños.

Gracias al conjunto de técnicas y entrenamiento que te enseñaré en este libro, logré cosas que jamás pensé. Las más increíbles que te puedas imaginar, las mismas que te relataré más adelante.

Sin embargo, tras lograr todo lo que quise, llegó un minuto en que decidí detenerme y no recurrir nunca más a lo que llamé, "Maestría Cuántica". Te preguntarás si acaso me volví loco. Si, porque de seguro, en mi lugar, con todo el poder que confiriere este conjunto de técnicas, el común de las personas ni siquiera se habrían planteado la posibilidad de desecharla.

Mi renuncia al placer de disponer de tan extraordinario poder, vino cuando entendí el verdadero sentido de la existencia. Creo que a muchos nos llega el momento donde, incluso, el poder y el dinero dejan de sernos atractivos. En ese contexto, es sabido que muchos son los personajes en la historia de la humanidad que, habiendo tenido el poder de hacer y deshacer, eligieron la humildad y el altruismo como sendero de vida. Uno de ellos fue Pachita, gran inspiración de Jacobo Grinberg, una mujer que se mantuvo en la humildad, a pesar de conocer el manejo absoluto del poder de su inconsciente y, por tanto, de la realidad perceptual.

Me sentí identificado con su historia, por lo que, después de analizar los conceptos de "manifestación" durante veinte años, me propuse transcribir el resultado de mis investigaciones teóricas y prácticas, con el propósito de enseñar los preceptos de la "Maestría Cuántica".

Por más de tres décadas estuve viviendo igual que cualquier ciudadano, preso de mi inconsciente programado y sometido a los algoritmos que la sociedad había grabado en él desde que nací. Las intensas presiones sociales, mis demandantes obligaciones y algunos eventos límite en mi vida, no dieron tregua a la que entonces creía ingenuamente era mi firme entereza. A decir verdad, de firme no tenía nada, pues pronto colapsó sin remedio, ante los fuertes embates que la vida se encargó de propinarme.

Fueron siete largos años sin poder tener el control definitivo de mi consciencia. Recurrí a un sinnúmero de especialistas en psiquiatría, neurología y otros tantos científicos expertos en los misterios de la mente, pero, entonces, nada concreto pude obtener. Nadie parecía tener las competencias para ayudar a un sujeto que solo pretendía abandonar o reducir el coctel de medicamentos que le habían recetado los médicos, con el propósito de mantener a raya los devastadores efectos de una abominable depresión severa.

Mi objetivo era volver a vivir una vida normal sin tener que depender de las píldoras, al menos, no en la cantidad que me habían prescrito. Como suele ocurrir en estos casos, después de las infructuosas gestiones, uno termina por rendirse y buscar otras alternativas medicinales. Así fue que, consumí cuanto remedio natural me recomendaron los iridólogos y otros tantos naturistas quienes daban una incondicional credibilidad a sus plantas medicinales.

Pese a mi ímpetu y acérrima fe, no obtuve ningún resultado que siquiera se acercara a mis no tan pretensiosas metas iniciales. ¿Cómo era posible que tuviera que vivir toda mi vida consumiendo estupefacientes para mantener un equilibrio mental? Pastillas para dormir, despertar y para tener el apetito suficiente que me permitiera comer algún bocado, por insignificante que fuera.

Me decidí y comencé a indagar afanosamente distintas opciones de medicina, incluyendo: acupuntura, magnetoterapia, biorretroalimentación, entre otras. Si bien, ninguna pudo abordar con eficacia mis propósitos, de a poco fui rescatando sus premisas y principales conceptos, porque se me metió en la cabeza que debía, no solo reducir el consumo de pastillas, sino también, idear mi propio sistema de sanación para dejar atrás de manera definitiva mi abrumadora depresión.

Pero, ¿cómo un ingeniero iba a tener la experiencia médica

para confeccionar un mecanismo de curación, mediante el uso de conceptos químicos y biológicos que ni siquiera conocía?

La confianza en mi capacidad analítica, investigativa y de elaboración de teorías, nació el año 2004, cuando a mi ex mujer le detectaron un tumor de cola de páncreas, al que el gastroenterólogo denominó técnicamente: "carcinoma sólido seudo papilar quístico".

Mi desesperación por saber cómo abordar un tumor de esas características, donde la madre de mis hijos se jugaba la vida, me llevó a pasar largos días y noches revisando, cotejando y analizando información de "papers" científicos, junto a otros documentos médicos dispuestos en las bases de datos de universidades y centros de investigación médica de todo el mundo, hasta que, por fortuna, pude concluir que aquella peligrosa patología, se trataba nada más y nada menos que de un "tumor de Frantz", una neoplasia sólida benigna seudo papilar de páncreas, bastante poco frecuente en aquella época de comienzos del año 2000.

Debo admitir que cuando me reuní con el doctor para contarle lo de mis averiguaciones y plantearle las conclusiones que de seguro no le caerían nada bien, esperaba una respuesta suya menos intransigente que aquella con la que me encontré.

Conforme a mis investigaciones, había grandes posibilidades de que su diagnóstico estuviera errado. Al revisar mi informe, el facultativo respondió sin pelos en la lengua: "¿De dónde obtuviste tan absurda conclusión? ¿Qué es eso del tumor de Frantz? Por favor, por tu bien, evita navegar tanto en internet que te vas a volver loco y no llegarás a nada concreto. Deja esto en manos expertas dado que tú no sabes ni entiendes de medicina. Además, descuida, llevo muchos años en esto y pocas veces he errado".

Una vez concluida la intensa y estresante operación para extirpar el aparente carcinoma, el doctor envió al patólogo, las muestras para su análisis. Mediante una biopsia, se determinarían sus características exactas. Semanas más tarde, llegó el informe del especialista. El resultado fue categórico al arrojar como lo que el médico nunca esperó. En efecto, se trataba de un "tumor de Frantz".

De ahí en adelante, tomé consciencia de que aplicando de buena forma los principios de la investigación científica y teórica, sumado a un buen manejo analítico, podían existir buenas posibilidades de conseguir aciertos en las conclusiones de una indagatoria, por muy compleja que esta fuera en el papel.

El mismo mecanismo utilicé tres años después para elaborar la teoría de los "Treinta grados", que más tarde sirvió para convertirla en una técnica de visualización de espíritus y las energías de "los vivos", con resultados increíbles.

Igual método ocupé para crear mi técnica de control mental, cuya preparación y refinación tardó algo menos de dos décadas. La primera década la utilicé para elaborar la teoría y los restantes años, para llevarla a la práctica.

Cuando comencé a entrenar sus pasos, los resultados me parecieron en extremo impresionantes. Debido a lo alucinante de las transformaciones voluntarias que sufría mi realidad, llegué a pensar que de la noche a la mañana me había convertido en un avezado maestro. Por esa razón, denominé al concepto: "Maestría Cuántica".

Para obtener mis acabadas conclusiones y elaborar una técnica que en verdad funcionara, tuve que avocarme a una concienzuda, persistente y profunda investigación, que consistió en estudiar un buen número de libros de metafísica, practicar variadas técnicas de meditación y sanación cuántica, siguiendo a incontables expertos, quienes aseguraban dominar el control mental y el uso adecuado de las energías.

Entre los varios científicos que investigué, estuvo el doctor Jacobo Grinberg, desaparecido en diciembre de 1994. Él se convirtió en mi mayor punto de referencia, ya que gracias a sus análisis pude establecer ciertos paradigmas esenciales.

Las primeras veces, durante el proceso de perfeccionamiento de la técnica, me vi riendo en solitario y a carcajadas, sin poder dar crédito a lo inverosímil de los resultados que conseguía aplicando tan enigmático método. Es que no se puede dar un razonamiento lógico a lo que no lo tiene. Ante eso, supongo que no queda más remedio que reír.

Haciendo una analogía, no recuerdo haber visto una sola carcajada en el semblante del genio de la lampara de Aladino, cuando presumía de su increíble poder de magia. Quizá no le causaba gracia ostentar de su gran talento para crear o cambiar la realidad perceptual de sus amos, pues para él se trataba de un don natural.

Tal y como me ocurrió con la técnica de los "Treinta grados" –descrita en mi libro: "Treinta grados, portal al más allá"–, gracias a la cual, durante mucho tiempo me dediqué a ver espíritus y energías; también con las de "Maestría Cuántica", llegó un momento en que comencé a experimentar la extraña sensación de ser una persona todopoderosa, alguien especial y superior al común de la gente –qué ingenuo–. "¿Quién más podía tener semejante poder en la Tierra? Ver espíritus, energías y cambiar la realidad. Definitivamente, no es algo al alcance de cualquiera. Esto es una locura", pensaba.

En el caso de los "Treinta grados", me comunicaba con "los otros", también conocidos como, "los transparentes". Con ellos, hablábamos sin hablar. Les daba indicaciones mediante señas y pestañeos. Expresaba las ideas a través de los ojos, ya que, por alguna inexplicable razón, no los podía oír.

Por dondequiera que iba, podía visualizar las energías de los vivos, que quedaban grabadas como una película de plasma u holograma, en los lugares que solían frecuentar. Aunque estuvieran ausentes, podía ver sus cuerpos vivaces deambular. Al igual que los espíritus, "los vivos" se veían transparentes, pero a diferencia de los movimientos autónomos de los primeros, los hologramas de los segundos, lo hacían de forma repetitiva.

Mi primera impresión al descubrir la técnica de los "Treinta Grados" –poder ver espíritus y contactarme con ellos–, fue alucinante, entretenida y hasta, en ocasiones, muy divertida. Sin embargo, al cabo de unos años, mi relación con "los otros" comenzó a hacerse insostenible, debido a que algunos cruzaron la línea del respeto y se tornaron incontrolables. Ese comportamiento avasallador me hizo replantear acerca de si en realidad era buena idea seguir recurriendo a la técnica solo para satisfacer mi curiosidad, pues salvo un par de excepciones, nunca supe cómo canalizar sus demandas. Entendí que, **"grandes poderes traen grandes responsabilidades"**. Además, mi evidente desconocimiento respecto de su mundo fantasmal, no solo se traducía en un fuerte sentimiento de impotencia para mí, sino también, para ellos, quienes, por lo general, buscaban en mi ser algo de ayuda que les permitiera resolver asuntos terrenales pendientes, por cierto, algunos nada de triviales.

Por otro lado, en lo referido a las técnicas de la "Maestría cuántica", jamás había querido compartirlas, ya que, de acuerdo a mis estudios y sus respectivas conclusiones, llegué al cabal convencimiento de que el real propósito de venir a vivir esta experiencia terrenal, tenía que ver con la necesidad imperiosa del espíritu de sentir en carne propia los vericuetos de una vida plagada de limitaciones e incertidumbre. Vale decir, experimentar sensaciones terrestres electrizantes producidas por causas externas o internas que se relacionaran, no solo con aventuras concernientes al placer, sino también, con el ardor que da el sufrimiento.

Según mi conclusión, solo así podíamos conseguir lo que se conoce como la "expansión de la consciencia". Concluí que, sin esa expansión, restringimos nuestras posibilidades de ascender en el escalafón celeste, por lo que, la "Maestría Cuántica", representaba una intromisión inaceptable en el contrato espiritual de las personas, en consecuencia, un daño incalculable para su crecimiento divino.

Entré en una dicotomía espiritual, donde me cuestioné el hecho de si era recomendable proporcionar este confidencial y poderoso conocimiento, debido a que, dentro de mi reflexión, las personas debían vivir lo que les correspondía por contrato celestial. En tal caso, no creía oportuno tomar consciencia de las circunstancias negativas que les embargaban en determinados instantes de sus vidas, mucho menos entrometerme en ellas, con el propósito genuino de intentar revertir sus, en ocasiones, angustiantes padecimientos.

Transcurridos varios años en que lo medité detenidamente,

cambié de parecer, cuando caí en cuenta de que cada quien, consciente o no, es responsable de fabricar su propia casa o realidad. O sea, es un asunto individual donde tampoco tengo derecho a inmiscuirme.

Discurrí en que, lo único que yo haría al compartirles este secreto, sería entregarles una herramienta, un martillo para que fueran ellas mismas quienes construyeran su nueva casa o su realidad soñada. Además, con mi revelación, concluí que no estaría entrometiéndome en su viaje terrenal, debido al beneficio de lo que se conoce como el "libre albedrío".

En lo que a mí atañó, decidí renunciar a las enormes bondades de ambas técnicas –cuyos beneficios disfruté sin restricción hasta que me harté–. Tener ojos para ver a los espíritus, las energías de "los vivos" y poder manifestar de forma infalible, aunque parezca increíble, no fue algo que pude soportar por mucho tiempo. El hecho de sentir que tenía capacidades "sobrenaturales" para hacer y deshacer cualquier realidad que quisiera, de alguna u otra forma, me hacía abandonar sin querer mi más profunda esencia humana.

Otro factor que incidió en mi necesidad de dejar atrás el uso recurrente de tan magníficos métodos fue que, por ejemplo, con el de "Treinta grados", llegué a creerme un invasor de los espíritus y, al mismo tiempo, un invadido. Hasta hoy, creo que hay que tener cierto grado de locura para querer utilizarla de forma continua. Lo digo porque mi entusiasmo por acudir a sus bondades con deliberación, se conservó mientras estuve recuperándome de mi depresión severa. Después, recobrado, dejé de sentirme lo suficientemente envalentonado como para reunirme con las almas del más allá. Cuando crees estar loco, tiendes a darte ciertas licencias. Por ejemplo, la de no temer por tu seguridad, entonces, no reparas en lo malo que pueda acontecer contigo.

En realidad, nunca logré descifrar quien invadía a quien, porque jamás se me ocurrió preguntarles a ellos, respecto del rol que jugábamos cada cual, en el contexto dimensional donde a menudo coincidíamos. Eso sí, no perdí oportunidad de interrogarles.

En la misma línea, el uso de la técnica de la "Maestría Cuántica", me hizo perder una de las sensaciones más hermosas que pueda experimentar el ser humano, la del asombro. Si, porque una de las cosas más bellas que puede dar felicidad a seres como nosotros, es la capacidad de descubrir.

Por último, ser acérrimo amante del dinero y las comodidades, nunca fue una característica que marcara los pilares fundamentales de mi verdadera personalidad. Es más, la única vez que utilicé las técnicas de "Maestría Cuántica" en esa línea, fue cuando quise probarlas, para ver si funcionaban en la generación de riqueza. Entonces, con mi conocimiento para manifestar, intervine el negocio tecnológico que habíamos armado con mis tres socios, esperando que en corto tiempo creciera como la espuma. Para la satisfacción de mis camaradas de entonces, así sucedió. Al tercer año de funcionamiento, llegamos a facturar 6 millones de dólares. De verdad que mis compinches no lo podían creer. Para mí, en cambio, no fue sorpresa, porque así lo había manifestado.

Con todo, al corto tiempo me retracté, haciendo lo posible por generar una realidad que me llevara al lugar donde quería estar y no en aquella sociedad comercial que, en una ocasión particular, sacó a relucir lo peor de mí. Un evento puntual relacionado a un comportamiento egoísta y arrogante de mi parte, me hizo reflexionar y desconocerme a mí mismo. Podría leerse contraproducente y hasta necio de mi parte, el hecho de querer huir de la riqueza material para reemplazarla por una realidad austera. Sin embargo, para un alma como la mía, en esa época, alejarse del estrés, egoísmo y avaricia, que podía provocar la abundancia de dinero, fue un acto sensato que creí contribuiría a mi salud mental. Se había cumplido el objetivo y para mí, aquel escenario de riqueza exuberante, ya no revestía ningún desafío, pues, además, mi pensamiento de Asperger me hacía librar sendas batallas mentales, donde mi conclusión decía que: "lo importante no era la riqueza material, sino la espiritual. Debía elegir una, porque ambas, según mi entonces apreciación, eran incompatibles entre sí".

Tiempo después, mis socios me traicionaron y perdí toda la abundancia material, con la misma facilidad con que la había obtenido. Pese al dramatismo que podría haberme embargado vivir una "tragedia" como aquella, en lo absoluto lamenté la cuantiosa pérdida económica. "Lo que fácil llega, fácil se va", dicen. Además, se trató del resultado de la realidad que yo mismo me había encargado de crear, recurriendo a las técnicas de "Maestría Cuántica".

Como dije antes, nunca tuve motivos suficientes que me invitaran a desear como objetivo de vida, un pasar ostentoso, como aquel que muchos sueñan. Y no es que lo considerara un deseo reprochable, solo que, por más que lo busqué, nunca estuvo en mi ADN.

En mi libro: "Proyecto Seven, en la búsqueda del gran portal", donde expuse, mediante una trama realista, una analogía respecto del asombroso poder de la "Maestría Cuántica", dejo muy en claro, cuál es, hoy por hoy, el objetivo que me mueve. Por cierto, se trata de uno simple y sencillo, que consiste en entregar los conocimientos necesarios, a quien los requiera para construir su éxito o dejar a atrás una demoledora depresión.

CAPÍTULO I: HISTORIA

Estuve muchos años ignorante del enorme poder cuántico que vivía dentro de mí y, en realidad, en todo ser humano. No fue sino hasta fines del año 2005, cuando comencé a experimentar una horrorosa y severa depresión, que vine a tomar consciencia acerca de semejante capacidad. No fue fácil superar aquella silenciosa, pero implacable enfermedad de la mente, que me tuvo al borde del precipicio, casi al filo de caer en un punto de no retorno.

Para entonces, me empinaba por los treinta y cinco años y mi conocimiento acerca del poder mental era más bien exiguo. Como le sucede a la gran mayoría, viví creyendo que las posibilidades de crecimiento de las personas, se remitían a un esquivo talento con el que podían haber nacido; o bien, a su condición socioeconómica.

Por mucho tiempo estuve convencido de que, por haber venido a este mundo, en el que mis primeros pasos los di en algo parecido a una favela chilena, mi destino estaba condenado a constreñirse a las doctrinas del sistema, sin posibilidad de aspirar a algo distinto, que satisficiera mi realización personal.

Como el 99% de la población, debí someterme al proceso de formación o, como algunos aseguran, de deformación. Esto, para recibir el restante 50% de las "creencias reductivas" –el otro 50% se adopta en casa–. Si, debemos admitir que, desde nuestro nacimiento, a cada uno de nosotros nos introducen en un proceso de formación similar al que se ejerce en el ciclo productivo de una gaseosa, durante su proceso de fabricación. Es decir, crear el envase –nacer–, introducir el líquido –entrar a primaria–, poner la etiqueta –ingresar a secundaria–, sellar la tapa –ir a la universidad–, embalarla y llevarla al almacén –buscar trabajo–, esperar a que alguien la compre –emplearse–, la consuma –trabajar hasta jubilar–. Finalmente, después de beber su contenido, desechar el envase en algún pote de basura –morir anciano y olvidado en algún asilo–.

Tiempo después de haber vivido variados y complejos episodios que rompieron los diques de mi estabilidad emocional, caí en un profundo hoyo del que pensé jamás saldría. El hondo estado melancólico que me embargaba en ese momento, era desolador y abrumante. Es sabido que las depresiones severas, en su mayoría, son una mortal espiral, en la cual se entra y no se vuelve a salir jamás.

En aquel pozo oscuro de soledad y angustia indescriptible, lo más natural habría sido que yo mismo terminara con mi propia existencia. Afortunadamente, el destino me tendió una mano. Después de incontables análisis, hoy tengo claro cómo fue que pude emerger de aquella negra y profunda nebulosa en la que me vi sumergido por tanto tiempo. Mi salvación, fue como una ayuda divina con la que, de refilón, conseguí una pizca de oxígeno, suficiente como para hacerme acreedor de una segunda oportunidad. Aquel toque de fortuna, vino de la mano de un conocimiento que recibí en el momento preciso y en el lugar indicado.

Superar una depresión severa, suele ser una tarea infructuosa. Lo saben los psiquiatras, pero, todavía más, quienes la han padecido. Por desgracia, algunas víctimas de sus garras no alcanzan a dar su testimonio, porque el flagelo se las lleva antes de que siquiera lo intenten. En mi caso, alcancé a recurrir a la "Maestría Cuántica" y gracias a ella, pude salvar literalmente mi vida.

A aquel magnífico episodio de resurrección le llamé, "mi segundo tiempo". Si, porque el "primer tiempo" lo viví enmarcado en los cánones de la limitante cultura tradicional y los estrechos pensamientos que propende el modelo de sociedad en el que nos desenvolvemos. Muchas personas aun no dan crédito a la existencia de la energía, aun cuando Einstein le dedicó una contundente fórmula.

Transcurridos varios años, inicié mi proceso de retiro del sistema y comencé a hacer lo que me apasionaba. Estuve mucho tiempo creyéndome la frase: "quien en su vida consiga la mayor suma de dinero, podrá considerarse el más exitoso". Por eso, cuando puse a prueba los métodos y estos demostraron su eficacia, trayendo a mi vida grandes logros materiales, llegué a sentirme alguien importante y poderoso.

Conseguí objetivos que parecían imposibles en el papel. Obtuve el dinero y la salud que quise, amores que parecían inalcanzables. Sané añosas dolencias como, por ejemplo, mi eterno malestar de colon. También ayudé a sanar a otros que estaban en peor situación que la mía.

Por momentos, me parecía estar viviendo en un cuento de hadas. No obstante, mientras disfrutaba de las bondades de mis misteriosos descubrimientos, había un pensamiento recurrente y perturbador en mi cabeza. Con el tiempo, esa idea se fue haciendo cada vez más intensa, hasta que entré en razón. Concluí que esta vida pierde su propósito esencial si todo lo que quieres lo puedes tener a tus pies. Podrás decir que estoy loco, que no tiene ningún sentido mi razonamiento, pero así lo sentí. Sé que habrá muchos que dirán que soy un necio. Es más, tengo amigos que aún no lo entienden y, tal vez, guarden el mismo concepto acerca de mí.

En este libro no argumentaré en detalle las razones más específicas por las cuales decidí volver a mi vida sencilla. Solo mencionaré una frase que, para mi gusto, lo resume todo: **"perder la capacidad de sorprenderte y vivir ostentando ante los demás el disfrute y goce de los placeres de este mundo, tarde o temprano termina por despojarte de la fascinación por la vida"**. Es como el niño y el juguete de sus sueños. Cuando ya lo tiene en su poder, deja de serle atractivo y decide olvidarlo en el fondo del patio de su casa.

No emito juicio alguno hacia quienes deseen manifestar placeres y riquezas, porque cada cual vivirá su vida como mejor le parezca. No existe un estilo de vida que sea criticable, por muy descentrado o destemplado que nos parezca. Seguro que, a más de alguien, este planteamiento le parecerá inapropiado e inadmisible, conforme a sus más profundos valores y principios.

Por otra parte, en este libro, evitaré disfrazar con eufemismos los preceptos espirituales más básicos, vigentes en nuestra sociedad actual. Mientras más preciso consiga ser en la descripción y franqueza de los puntos críticos de la "Maestría Cuántica", más probabilidades tengo de que el lector alcance el objetivo central de este conjunto de técnicas, que es el entendimiento de las herramientas necesarias que le permitirán adecuar su realidad, en sintonía con sus más profundos deseos y necesidades.

Aunque se lea repetitivo y vulgar, lo primero que debemos concientizar es que somos energía pura. Lo dijo Einstein, también varios otros destacados científicos que dedicaron su vida a la investigación y desarrollo de teorías físicas y mecánicas. A todo esto, quiero aclarar que no profundizaremos en conclusiones científicas, ya que para eso están los honorables avezados de la ciencia.

Lo segundo que debemos saber, es que, para aplicar con éxito los métodos de la "Maestría Cuántica", no es necesario contar con un nivel socioeconómico, intelectual o académico superior ni de ningún otro tipo. Los conceptos que aquí te enseñaré son entendibles para cualquier lector.

Lo tercero, es que, al entender que somos energía pura, todas nuestras acciones, por mínimas que parezcan, tendrán un efecto en la realidad perceptual, es decir, en todo lo que vemos y vivimos a diario.

Las acciones pueden ser positivas o negativas, dependerá de la perspectiva del observante. Si, porque la acción de fumar resulta positiva para el fumador, porque le produce placer. En cambio, será negativa para quien no fuma, porque dentro de su comprensión de la realidad, ha de pensar que el humo puede dañar sus pulmones y, por consiguiente, alterar la calidad de su salud.

Probablemente, ese sea el motivo de la existencia del mito que dice: "a las personas que hacen el mal les va bien y a las que hacen el bien, suele irles mal". Esta contradicción tiene su base en aspectos superficiales de la cultura popular que aclararemos más adelante.

Debes asumir que, si bien, en el aspecto material existe "el bien y el mal", es la perspectiva espiritual la que prevalece, refutando con la frase: **"no existe ni lo bueno ni lo malo, sino que lo necesario. Algunas cosas deben morir para que nazcan otras"**.

Debes saber que todos vinimos a este mundo a cumplir un propósito, que es "expandir la consciencia". Cuando manifestamos, nos hacemos un flaco favor, porque **"ningún marino sabio se hizo en mares calmos"**. Debo decírtelo con la mayor honestidad posible, ya que ninguno de los otros libros que hayas leído acerca de este tema, te lo dirá de manera tan directa.

Ahora bien, lo anterior es solo información y si quieres seguir adelante para, al menos, probar las bondades del poder cuántico, estás en tu justo derecho.

Prosiguiendo, debo contarte que, si deseas conseguir una manifestación efectiva, debes enfocarte en tres ejes fundamentales que te permitirán resetear tu consciencia. Este es un paso previo, necesario para educar a tu mente en nuevas premisas y conceptos:

1. Creencias: erradicar de tu mente todas las creencias reductivas que te impidan expandir tu consciencia. Especialmente, aquellas que suprimen tu capacidad de

elevarte. Son aquellas con las que te acostumbraste a convivir desde que eras un infante.

2. Reprogramación: instalar en tu inconsciente un programa que te permita tomar el control de los pensamientos para que puedas manipularlos a discreción.

3. Imaginación: entrenar tu mente para conseguir ver las realidades tal y como las deseas, mediante la definición precisa de lo que persigues, alineando tus emociones para convertirlas en comportamientos que generen hábitos, en sintonía con tu actuar y sentir.

Si en seguida logras hacerte de tres herramientas conceptuales que te faculten a cubrir con información renovada los tres puntos antes mencionados (creencias, reprogramación e imaginación), tendrás un infalible y contundente poder de manifestación a tu entera disposición.

Adquirir la capacidad de erradicar tus creencias más esenciales, permitirá tu independencia de la "caja de zapatos". Es decir, de la "cárcel" en que se encuentra preso tu inconsciente y a la que el sistema te ha remitido con franco tesón, desde el inicio de tus días.

Disponer de una técnica que te dote del poder de dibujar tus pensamientos con absoluto control y exactitud, será el penúltimo paso para conseguir la construcción y materialización de tus anhelos, por muy complejos o inalcanzables que parezcan.

Por último, tener la capacidad de transmitir esos pensamientos desde la consciencia hacia el nervio óptico, actuando en consecuencia, calibrándolos adecuadamente dentro de una sintonía fina, entre la mente y la emoción, te permitirá confeccionar una arquitectura ambiental, que sea consistente con la realidad que quieras experimentar, haciéndola tangible y modificable a merced.

CAPÍTULO II: PERSPECTIVA

Antes de adentrarnos en este viaje, debo aclararte ciertas reflexiones muy necesarias para que tomes conocimiento acerca del alcance de este saber y cómo va a influir en tu vida y en tu espíritu.

Quizá te podrá resultar majadero y hasta desagradable, pero, como dijo alguien por ahí: **"en esta vida nada es gratis"**, tampoco en la otra. Así que, previo a hacerte de esta monumental sabiduría, debes tener muy en cuenta que, una vez que la aprendas y comiences a disfrutar de sus beneficios, podrías querer echar marcha atrás.

Si, porque cuando la descubrí, fue como haberme encontrado de frente con la lámpara del genio. Comencé a hacer realidad mis más profundos deseos, pensando que, con ello, encontraría esa esquiva felicidad que tanto me habían descrito. Adquirí un nivel de seguridad y desplante que jamás pensé poseer. Adopté una versión hiper mejorada de mí mismo, una que desconocía por completo.

Inicié con deseos muy simples, pero reveladores. Por ejemplo, conseguí la mujer de mis sueños, me desenvolví en activades que, por mi tipo de personalidad tímida, jamás imaginé. Aunque nunca tuve talento para el canto, desde niño soñé con presentarme delante de una multitud que me aplaudiera a rabiar. Que, además, me transformara en el vocalista de una banda de rock, aunque se tratara de una amateur.

Y, si, gracias a la aplicación de las técnicas de "Maestría Cuántica", lo conseguí. A los treinta y siete años, canté por primera vez frente a tres mil personas, quienes, incluso, vitorearon mi propuesta artística.

Quise formar una empresa que fuera exitosa y reconocida en su rubro. Transcurrieron tres años y se materializó generando jugosos dividendos.

En 2016 decidí convertirme en un líder político, porque quería conocer en detalle ese mundo por dentro. Entender su funcionamiento para incidir en las decisiones que sabía afectarían al bienestar de la gente. Conocer en persona y tratar de manera directa con los cuadros políticos más prominentes de la época.

Luego de un año de militar en un partido político, a través de una votación democrática, me nombraron presidente local de mi entonces colectividad. Fue así que, siendo un completo desconocido, en tan solo un año, llegué a conocer, tratar y hasta de manera regular, jugar futbol con el presidente de la república más joven de la historia de Chile (Gabriel Boric Font). Compartí partidos de balompié e interactué con algunos de sus ministros de Estado.

Me hice lo suficientemente conocido en el ruedo, como para llegar a relacionarme con diputados, alcaldes, concejales y otras tantas personalidades del mundo político chileno. Incluso, sin haber contado jamás con algún tipo de trayectoria, como para darme el más mínimo permiso de lanzarme a semejante osadía, formé parte de un grupo de avanzada, con quienes diseñamos la construcción de una fuerza política emergente. ¿Coincidencia? ¿Talento político? La verdad es que, nada más alejado de eso.

Jugaba a materializar deseos simples y divertidos, tales como: hacerme en corto tiempo de un talento que no tenía. No fueron pocas las ocasiones en que hice ganar a mi equipo futbol en un encuentro que nos era adverso. Por cierto, conmigo siendo el goleador de la jornada, convirtiendo goles increíbles en el último minuto del cotejo. Manifesté escenarios donde ganábamos campeonatos imposibles en papel. Tanto así que, entonces, la gente creyó que aquellos insospechados y atípicos triunfos, no podían ser otra cosa que verdaderos milagros.

Jamás me gustaron las matemáticas, pues no tenía la habilidad ni para multiplicar. Siempre creí que lo mío era la biología. Sin embargo, por tener mi polo de conciencia invertido (manifestar con la ley de Murphy), terminé estudiando ingeniería, donde la habilidad con los números resulta un requisito indispensable.

Sin darme cuenta, por la desesperación que me producía mi falta de habilidad para las ciencias exactas, me vi manifestando escenarios donde adquiría la destreza necesaria, para resolver cálculos matemáticos complejos, que me permitieran obtener un título universitario. Pese a mi notoria falta de aptitud, finalmente lo recibí acompañado de los aplausos que otorga la distinción.

Quise visitar distintos países, ya que nunca había viajado

fuera del mío; entre otros, porque tenía un pánico incontenible a los aviones. Como resultado de mi manifestación, recorrí lugares hermosos, durante épocas en que viajar era un lujo que no muchos podían darse. Recorrí parajes que antes solo había visto por televisión.

En mi primer trabajo comencé como empleado técnico, que era el escalafón más bajo de la compañía. Pero llegué a ser gerente y director de empresa. Aquello me pareció surrealista, ya que, para dirigir compañías en el mundo de los negocios, se necesitan ciertas competencias que entregan los posgrados y yo, no poseía ninguno.

Sin tener idea acerca de cómo comenzar a escribir, me propuse publicar mi primer libro, manifestando mediante "Maestría Cuántica", ser leído en las principales plataformas de lectura del mundo. Pronto, para mi sorpresa, Amazon reportó que mi libro "Treinta grados – Portal al más allá", se estaba leyendo en Europa, Asia, África, América y Oceanía. Lectores de países tales como: Arabia Saudita, Japón, Australia, Francia, Italia, Alemania, España, Estados Unidos, México, Argentina o Canadá, hasta hoy se interesan en leer mis entregas literarias –les envío muchas gracias por ello–.

Transcurrió un año desde que inicié mi aventura literaria y, procedente de distintos lugares del planeta, comencé a recibir emails donde críticos literarios me felicitaban por mis obras. Sin caer en la exageración, algunos doctores en literatura, a quienes les gustó mi estilo, me ofrecieron su desinteresado apoyo para contactarme con alguna editorial de renombre y así publicar mis propuestas.

Alguna vez fui testigo presencial de un grave asalto, por lo que me vi obligado a utilizar "Maestría Cuántica", en beneficio de los afectados. Para mala suerte de los delincuentes, hice variar el desagradable escenario, al que los testigos estábamos expuestos. En el evento, manifesté el arribo rápido de la fuerza pública. Esto, sin que nadie entendiera luego, cómo había sido posible la oportuna aparición de los policías en el sitio del suceso, sin que nadie hubiera tenido forma de comunicarles acerca del inesperado atraco.

Nada me detenía ni siquiera lo imposible. Llegué a sentirme como un rey caprichoso o como el genio de la lámpara, a quien le bastaba con hacer "abracadabra" para que el deseo se le concediera. Y, aunque al inicio hubo instantes en que llegué a creer que mis aciertos eran meras coincidencias, más tarde adopté la técnica mental de tal forma que se transformó en mi estilo de vida. De ahí en adelante, hacer realidad todo lo que quisiera fue un placer de alucinante magia. Pero, también se tradujo en un extraño, culposo y perturbador sentimiento que, de vez en cuando, me embargaba. Esto, al verme consiguiendo las cosas, no por mí mismo, sino mediante una poderosa ayuda externa que parecía divina.

Pese a las bondades de las técnicas, todo tiene un límite. Dicen que hasta la belleza cansa. Y, si, un día me levanté cuestionándome el uso indiscriminado de tan fabulosa herramienta. Aquel inmenso poder que parecía haberme caído del cielo, comenzó a incomodarme más de lo que mi mente podía tolerar.

Me preguntaba: "¿qué sentido tenía la vida, cuando todo lo que deseas se te hace realidad?", "¿valía la pena vivir una vida donde todo era predecible?". Aquel increíble poder me hizo perder la capacidad de asombro; no solo por saber con antelación que cualquier bien material que quisiera, lo obtendría en escaso tiempo, sino también, por el inquietante grado de influencia que conseguí al manipular la voluntad de las personas.

Por lo mismo, comencé a sentir que todo se tornaba aburrido y extremadamente previsible. Cuando el rio está plagado de peces, los osos grises los usan para jugar con ellos y no para alimentarse, como sería lo lógico. Entonces, descubrí que la abundancia nos hace perder la pasión por las cosas y en ocasiones, zambullirnos en el hastío, haciéndonos enredar en pensamientos oscuros que podrían rayar en lo desquiciado.

Quizá sea esa la emoción que embarga a algunos integrantes de la élite, cuando caen en cuenta de que, gracias a su dinero y poder desmesurado, tienen el mundo a sus pies. Ahí es cuando buscan una salida extrema, haciendo cosas que escapan a la compostura y cordura colectiva esperable, cayendo muchas veces, en la inmoralidad y en lo éticamente inaceptable.

Aunque al inicio ni yo mismo entendía la razón, aquel indescriptible poder comenzó a fastidiarme. Todo, absolutamente todo lo que pedía, se hacía realidad. No había deseo que no se me cumpliera, por muy inalcanzable que pareciera. Conforme más seguro estaba de las técnicas y de mí mismo, más instantáneos acontecían los eventos y más temprano que tarde llegaban a mis manos las cosas que anhelaba.

Después de transcurrido algún tiempo desde mi deslumbrante descubrimiento, me puse a meditar acerca de lo que me estaba sucediendo. Me di cuenta que, de manera burda, me estaba engañando a mí mismo. ¿Qué sentido tenía organizar un concurso con el premio mayor, alentando a la gente a participar, si al final estaba seguro de que quien se lo ganaría sería yo mismo? No había sorpresa, intriga o emociones fuertes en mi vida, era como vivir en un eterno autoengaño.

Si, aquellos sentimientos tan esenciales en el ser humano se habían esfumado de mi mente y de mi corazón. Me sentí como actuando en una película en la que yo mismo había creado el guion, por lo que, conocía a la perfección el detalle de cada una de las escenas, sus personajes y, por supuesto, el desenlace final.

Por eso, aunque podrías no compartir mi perspectiva, antes de presentarte mis técnicas, debo advertirte sobre las contraindicaciones para que sepas a qué atenerte. En ese marco, quiero iniciar invitándote a plantear algunas preguntas que, en mi concienzudo proceso de reflexión, me hice después de haber conseguido todo lo que me propuse.

Las conclusiones que obtuve me hicieron retroceder y, de algún modo, reprimir mi incontenible entusiasmo inicial por utilizar las bondades de los métodos de "Maestría Cuántica".

1. ¿Para qué quieres este poder?

2. ¿Qué pretendes conseguir?

3. ¿Dimensionas el impacto espiritual que esta herramienta te podría acarrear?

Si no estás interesado en hacerte estas preguntas, porque lo único que deseas es convertirte pronto en un "maestro cuántico", sigamos adelante y no miremos hacia atrás. Caso contrario, toma un cuaderno y anota en él, las respuestas a las interrogantes antes mencionadas. Te ayudará a entender un poco más, qué es lo que busca tu alma en este breve camino al que conocemos como, vida.

Antes de llegar al "milagro", estuve más de veinte años intentando dilucidar cuál era el motivo, por el que algunos deseos en mi vida se me hacían realidad tan rápido, mientras que otros tardaban bastante tiempo en cumplirse. Y, más eran los que terminaban convirtiéndose en todo lo contrario a lo que había querido manifestar.

Conforme a los análisis que pude recabar en mis investigaciones, provenientes de algunos "especialistas metafísicos", decían que la única razón por la cual, lo que ellos llamaban: "La ley de la atracción" no funcionaba, era porque no sabíamos cómo aplicarlas con eficacia, debido al fuerte poder que ejercían sobre nuestra consciencia, las "creencias negativas" inculcadas desde nuestro nacimiento. Además, a eso se agregaba una supuesta disfunción en el conducto que comunica al cerebro con el corazón, lo que, según ellos, impedía unificar el sentimiento de la razón con la emoción. Este último, era un requisito esencial para manifestar de manera efectiva.

Intentando interpretar esa frustrante condición, a la que podríamos definir como: "rechazo del universo", los especialistas llegaban a la conclusión de que dicha negación, se debía a un exceso de focalización técnica y muy escasa práctica: persistente, disciplinada y consciente de parte del interesado. No obstante, de acuerdo a mis presunciones, había que sumar algo más. La mayoría de las fórmulas no estaban completas, pues carecían de rutinas de preparación y entrenamiento previo.

Existe algo mucho más importante, que tiene que ver con la evaluación psicológica y mental, no necesariamente profesional, a la que el alumno debería someterse previo al abordaje de cualquier técnica de manifestación. Se trata de una simple evaluación que debe consistir en determinar el nivel espiritual, intuitivo y sensorial en el que se encuentra el individuo al momento de querer adoptar cualquier técnica de manifestación. Es un requerimiento indispensable para configurar el plan de entrenamiento más adecuado, conforme al objetivo que el interesado desea alcanzar. Es como cuando vamos al gimnasio y el "personal training" nos evalúa para estimar a qué distancia estamos de los objetivos físicos que queremos alcanzar. Y, así, establecer la rutina acorde que nos llevará a cumplir nuestras metas.

Al igual como existe mucha gente que no está dispuesta a asistir durante un año al gimnasio para bajar de peso, aquí también habrá personas reticentes al entrenamiento constante del inconsciente. Es este el primer gran escollo, pues es precisamente la parte de la consciencia, donde radica la fuente esencial de la "Maestría Cuántica". Allí reside el manubrio que administra ese poder que todos tenemos y cuya existencia la mayoría ignora, por consiguiente, desconoce la forma de activarlo.

El inconsciente no sabe de creatividad, no entiende de bufonadas y es capaz de recordar todo lo que has hecho, dicho o presenciado en tu vida. Dispone del 95% del poder real de tu cerebro, controla cada una de las funciones elementales que tu cuerpo necesita para accionar en un orden virtuoso. Comer, respirar, digerir y almacenar recuerdos son parte de sus funciones. El 5% restante lo compone la mente consciente, que es la responsable de interactuar con el mundo físico o campo cuántico.

El proceso para preparar a la mente inconsciente, debe ser metódico y continuo en el tiempo, hasta que se convierta en una rutina natural para el interesado. Son los mismos pasos por los que transita cualquier músculo que queramos desarrollar. Incluso los cantantes o atletas más talentosos evitan lanzarse a realizar sus actividades de alta exigencia sin antes prepararse, acudiendo a un exigente entrenamiento, donde ponen en práctica los conocimientos aprendidos en sus intensas jornadas, basadas en instrucciones teóricas y prácticas, determinadas en un diagnóstico previo.

Una vez que consigues el conocimiento y lo asimilas a consciencia, recurriendo a una rigurosa disciplinada, tendrás mayores posibilidades de aplicarlo de manera efectiva. Por lo pronto, debes saber que existen varias técnicas de manifestación, la gran mayoría se clasifican en algunos de los siguientes tres tipos:

1. Consciente.

2. Inconsciente.

3. Híbrida.

Dependiendo del nivel espiritual y estado de consciencia en el que te encuentres, te funcionarán de mejor forma las tres o tan solo una de ellas. Deberás determinar, cuál es la más adecuada para ti.

La "manifestación consciente", se basa en tres ejes fundamentales:

1. Configuración: establecimiento preciso de tu solicitud

para configurar en sintonía con tu consciencia.

2. Consistencia: canalización, sensación y emoción.

3. Ejecución: actuación y actitud congruente con tu solicitud.

Por su lado, la "manifestación inconsciente" también se sostiene en tres premisas:

1. Circulación: proceso de concentración y "circulación energética".

2. Visualización: generación de imagen durante el "trance" meditativo.

3. Cierre: proceso de cese de la "circulación energética".

En tanto, la manifestación híbrida es una combinación de las dos anteriores (consciente e inconsciente):

1. Configuración: hacer "circulación energética" para configurar, a través del consciente, la mente inconsciente, instaurando en ella nuevos programas y algoritmos pensativos.

2. Visualización: generación de imagen detallada en el consciente, procurando estrechar la comunicación de la mente inconsciente con la matriz o "Lattice", para crear con ello, la realidad perceptual deseada.

3. Ejecución y cierre: actuar en conformidad a la solicitud, sellando los canales energéticos de la mente consciente, para evitar que las nuevas configuraciones establecidas en la mente inconsciente, sean alteradas o reemplazadas por ideas adversas que entraben el objetivo manifestado.

CAPÍTULO III: DIANÓSTICO DE INTUICIÓN

El primer paso que debemos dar, es tener el conocimiento pleno, acerca del nivel de consciencia en el que nos encontramos. En la medida que seamos capaces de identificar este aspecto, podremos elaborar el plan para preparar nuestra mente de forma adecuada.

Si no hacemos una buena y sincera evaluación, tenemos altas posibilidades de que se nos produzca un desbarajuste que nos impida configurar la mente en concordancia con el estado de consciencia en el que nos encontremos, retrasando con ello, el proceso de "expansión de consciencia".

En pocas palabras, es como pretender enseñar algebra a un niño de primaria. Puede que aprenda algunos conceptos, pero su falta de base, inevitablemente lo hará caer en un sentimiento de frustración. En ese caso, podría haber tres desajustes perjudiciales que deberías trabajar antes de embarcar hacia alguna técnica específica.

1. Ego espiritual: La persona cree tener amplios poderes y conocimientos espirituales, suficientes como para recurrir a actitudes de menosprecio o superioridad auto atribuida ante los demás.

2. Incapacidad de manifestar: La persona intenta cambiar su realidad perceptual, pero solo es testigo de un fracaso persistente en la aplicación de algún método de manifestación, por lo que termina rindiéndose.

3. Aciertos aleatorios: La persona logra hacer realidad sus deseos, mediante alguna técnica de manifestación, pero no siempre lo consigue.

Para hacer un diagnóstico eficaz, debemos comenzar por saber, cómo anda nuestro nivel de intuición, vale decir, la capacidad de entender las cosas instantáneamente, sin necesidad de recurrir al razonamiento.

¿Por qué es necesario, como primer paso, evaluar tu grado de intuición para conseguir el control mental? Porque la intuición nos da una luz acerca de cómo anda nuestra principal creencia, es decir, la creencia en nosotros mismos.

Si tu intuición presenta niveles bajos, significa que tu capacidad de entendimiento acerca de las cosas que te rodean, no está pasando por un buen momento. Esto repercutirá de manera negativa sobre tu determinación, convencimiento y seguridad. Lo que mermará tu grado de creencia en el monumental poder que tienes para cambiar tu propia realidad perceptual.

El bajo nivel de intuición, generalmente, está asociado con la autoestima, recordando que esta última, es la reputación que tenemos de nosotros mismos. La autoestima baja incide negativamente en nuestra sensación de seguridad, en consecuencia, en nuestro poder de convicción y determinación.

Aclarado lo anterior, harás el siguiente ejercicio preliminar que, si bien, no es determinante en el aspecto intuitivo, al menos te dará una idea cercana, respecto de tu estado energético vigente:

1. Iniciarás jugando al juego del cara y sello con una moneda.

2. Efectúa diez lanzamientos, intentando adivinar los lados de la moneda. Anota el resultado de cada lanzamiento al aire para ir determinando "acierto" y "fallo". Luego, sumas los valores y calculas el promedio de aciertos y fallos.

3. Según la teoría estadística, en el lanzamiento de la moneda, existe un 50% de probabilidad para ambos lados. Eso significa que, si le apuntas a un porcentaje inferior a ese valor, tu nivel de intuición podría estar por debajo de la media. Cuando digo: "podría", me refiero al permiso que me doy para asignar el poder de definir, mediante el lanzamiento de la moneda, la condición en la que se encuentra tu intuición durante el periodo en que lo practiques, ya que, matemáticamente, podemos decir con certeza que, en tal caso, estarías por debajo de la

media.

4. Si, por el contrario, tu cota de acierto se expresa por sobre el 50%, significa que estás en un buen pie, porque tu intuición estaría en un rango superior a la media. Esto traería como conclusión que tu energía está pasando por un buen momento y que tu polo de consciencia se encuentra cercano a un orden lógico.

Realiza este ejercicio tres veces al día, durante cinco días. No olvides anotar los resultados utilizando, de preferencia, una hoja de cálculo. Finalizado el tiempo descrito, toma tus anotaciones y obtén el promedio, sumando los resultados y dividiéndolos por cinco. Eso te entregará como resultado un número, con el que sabrás cual es el grado de confiabilidad de tu intuición y, por ende, la etapa mental en la que te encuentras.

Si el valor obtenido llega a estar por debajo del 50%, por ejemplo 30%, no te preocupes. Eso significa que tu mente está en una fase preliminar y solo deberás trabajar un poco más arduo. Lo importante es que te habrás enterado respecto de donde comenzar.

Deberás tener la suficiente humildad inicial para realizar los ejercicios que te daré a continuación. Debes saber que cuando no estás preparado, el ego negativo y el miedo son los principales exponentes que intervienen negativamente en el proceso de manifestación. En contrapartida, para la técnica que te enseñaré, el ego positivo es un ingrediente que te ayudará a manifestar más rápido.

Así es. Tal y como en finanzas existe la deuda buena y la mala, en el control mental, existe el ego positivo y el negativo. Saber identificar y separar a ambos, es una virtud que solo los sabios de consciencia expandida pueden discernir.

El ego negativo, por lo general, proviene de una autoestima baja y es muy dañino, porque tergiversa la realidad de quien lo padece, haciéndolo aplicar, con frecuencia, en contra de las personas de su entorno. Suele ser un mecanismo de defensa del paciente que padece un trauma adquirido durante sus primeros años de vida y que nunca tuvo la posibilidad de hacerse cargo de él para tratarlo.

En cambio, el ego positivo hace que la mente adquiera una seguridad implacable. Jamás será utilizado en contra de los demás, sino como un soporte al movimiento de esa energía invisible, responsable de alterar el campo cuántico o "Lattice". Por ello, mientras más sólido e intenso sea el ego positivo en nuestras mentes, mayor posibilidad tendremos de cambiar nuestra realidad en el instante que lo queramos.

Conseguir, de un día para otro, una mejora sustancial de la autoestima, no es tarea fácil. Esto, porque es un sentimiento abrazador que suele plagar de mecanismos de defensa a quienes lo transportan como una pesada carga. Les hace enfrentar la vida presos de un persistente y pegajoso pesimismo, que deriva en un nulo poder de manifestación, ya que, es esa desmoralización permanente la que merma al ego positivo, de paso, al poder para modificar la realidad perceptual del afectado.

Si tienes la convicción de que tienes "mala suerte", o eso de que a ti nunca nada te sale bien, entonces, te tengo una manera de entrenar que te resultará familiar y muy provechosa para configurar la mente y así puedas prepararte para manifestar lo que desees.

Se trata de un ejercicio simple que descubrí al principio y que utilicé por algún tiempo, hasta que conseguí dejar a atrás mi baja autoestima. Debido a la fuerte depresión por la que atravesaba, tenía mi amor propio por los suelos, haciéndome preso de un profundo negativismo que me impedía manifestar cualquier realidad perceptual, por ínfima que hubiera parecido.

A diferencia de mi pasado, podrías estar en un instante de tu vida donde no tengas depresión. Sin embargo, quizá seas alguien que viva con una nube negra lloviéndole sobre la mollera. Vale decir, alguien de pensamiento negativo endémico o, como la gran mayoría de las personas, un acérrimo creyente de la ley de Murphy (Si algo puede fallar, fallará). Si es así, esta práctica te vendrá como anillo al dedo.

Bien, tomemos como referencia la prueba de la moneda al aire. Pero esta vez, en sentido inverso. ¿Qué quiero decir con esto? Justo al realizar el lanzamiento de la moneda, pensarás en la primera opción que se te venga a la mente. Dado que tu regla de vida dice que siempre has tenido "mala suerte", esta vez, lo que harás, de manera instantánea, será cambiar tu opción inicial por la opción contraria. Por ejemplo, si en pleno lanzamiento, la primera imagen que viene a tu consciencia dice que la moneda caerá en la opción "cara", tu apuesta la reemplazarás por "sello". A esta estrategia le llamé: "engañar al inconsciente". Si te fijas, existe un dicho muy popular que dice: "no escupas para el cielo porque te puede caer en pleno rostro", refiriéndose a que nunca debes decir, "de esta agua no beberé". Es la mejor forma de ejemplificar el poder que tiene nuestro inconsciente sobre nuestra realidad perceptual. Terminas con el escupo en la cara porque tu inconsciente así lo quiso.

Cuando tu autoestima está baja y tu miedo en niveles superiores, esa frase cobra absoluta vigencia, porque las probabilidades de que venga a ti algo que no desees o hayas renegado, son muy altas. En ese estado de consciencia, comprobarás que mientras más rechaces algo, sin darte cuenta, más lo atraerás.

Luego de hacer este mismo ejercicio (el de la moneda) durante cinco días, volverás a calcular el porcentaje de aciertos. Si compruebas que el resultado varió, superando o igualando al 50% de aciertos, querrá decir que, como muchas personas, tienes los polos del inconsciente invertidos. Lo cual sería normal, considerando las estadísticas de la gran mayoría de la población que, en efecto, tiene los polos invertidos. Es altamente probable que después de realizar el ejercicio de "engañar al inconsciente", descubras una variación positiva en el porcentaje de aciertos.

Sin duda, la mejora en tu poder de "adivinación", hará que comiences a mejorar tu positivismo. Pensarás que, después de todo, no tienes tan mala suerte en el juego, como pensabas. La consecuencia subyacente a esto, será que irás elevando poco a poco tu nivel de autoestima, incrementando la credibilidad en ti mismo.

Entonces, si acostumbras a pensar que eres un perdedor de nacimiento, la estrategia que te acabo de desvelar la usarás como truco de entrenamiento previo al aprendizaje de las técnicas de manifestación que te enseñaré en los siguientes capítulos. Deberás utilizarla durante un buen tiempo, hasta que, de pronto, comprobarás que has conseguido revertir tu polo de consciencia.

¿Cómo lo notarás? Simple, te darás cuenta que la cantidad de aciertos utilizando el truco, decaerá en comparación con tu primer pensamiento. Es decir, cuando estés frente a un evento como, por ejemplo, el del lanzamiento de la moneda al aire, notarás que, ahora, la primera imagen que venga a tu mente, será la opción correcta.

En otras palabras, no necesitarás cambiar de opción como la acción empleada en el truco. ¿Por qué se produce ese efecto en tu capacidad de manifestación? Se trata de una metamorfosis inevitable que ocurre porque, al principio, cuando ves mejorar tu nivel de acierto (gracias al truco), inconscientemente, iniciarás la potenciación de tu autoestima o ego positivo. Ya sabes que una cosa conlleva a la otra, es "causa y efecto".

Bien, una vez que hayas practicado por algún tiempo lo del "lanzamiento de la moneda" y tengas la certeza de que te trae mejores resultados el truco de "engañar al inconsciente", comenzarás a aplicar la misma estrategia en tu diario vivir. Para esto, te sugiero el siguiente ejercicio.

Supongamos que eres fanático del futbol y quieres que tu equipo gane un partido (lo puedes aplicar tanto a tu equipo de barrio, como a los profesionales que ves por televisión). Vamos entonces:

1. Pon tu atención en el partido de futbol en el que jugará o estará jugando tu equipo favorito.

2. Fíjate en todos los detalles del cotejo: característica del estadio, color de camisetas de los equipos, nombres y rostros de los jugadores que están participando, especialmente de los más representativos por equipo.

3. Una vez que tienes todos esos detalles en la mente, imagina ganando al equipo contrario, es decir, al que no quieres que gane.

4. Imagínalos en el final del partido, levantando una copa o abrazándose efusivamente celebrando la victoria contra tu equipo favorito. Y, por el otro lado, los rostros entristecidos de los miembros de tu equipo favorito.

Si, dirás: "pero, ¿cómo? No, de ningún modo me voy a imaginar a mi equipo perdiendo un partido tan trascendental. Yo quiero que el mío gane". Si, puedes tomar esa actitud, pero ten presente algo: estamos suponiendo que, en tu evaluación de nivel de intuición, con el juego de la moneda, obtuviste menos del 50% de aciertos. Con lo cual, tienes el polo de tu consciencia invertido, por tanto, si quieres que tu manifestación surta efecto, tienes que hacerla funcionar al revés. Recuerda que lo que necesitas es "engañar al inconsciente".

Y así, sucesivamente, harás esto para todos los eventos en

que se te ocurra aplicar cualquier técnica de manifestación. Si eres perseverante y resiliente, en poco menos de tres meses, comenzarás a ver los sorprendentes resultados. No podrás dar crédito a lo que verás, porque nunca antes creíste que se pudiera alterar los acontecimientos de una manera tan sencilla.

Como te decía más arriba: ¿qué obtendrás como resultado de manifestaciones efectivas?

1. Tu autoestima se elevará como la espuma.

2. Te sentirás mucho más seguro.

3. Al principio te sorprenderás gratamente, pero tenlo por seguro que, con el paso del tiempo, cada vez menos. Porque, conseguir lo que deseas cuando quieras, incluso las cosas más increíbles, se te hará un hábito.

Y, si, también puede sucederte lo que a mí. Cosas que conseguí manifestando:

1. Levantar una empresa grande que facturaba mucho dinero (6 millones de dólares).

2. Un carro y una casa nueva para mi familia.

3. Ganar todos los partidos de fútbol que jugaba, siendo siempre yo el protagonista y el goleador del equipo. Mi récord hasta hoy, es que jamás perdí jugando una final de futbol.

4. Conseguía el trabajo y los clientes que quería.

5. Había amigos que me pedían actuar como su genio de la lámpara, para hacer que las mujeres que les gustaban, se enamoraran de ellos. También ayudé a amigas a conseguir el amor de su vida.

6. A mis hijos los ayudaba a salir airosos de sus exámenes más complejos.

7. Me curé a mí y a otros de dolencias rebeldes.

En definitiva, con tu mente entrenada podrás inducir los eventos que quieras que ocurran y los harás suceder tal y como los hayas planeado.

Si al momento de adoptar las técnicas, te encuentras en un rango inicial de consciencia, creerás que al fin has encontrado la felicidad, gracias a este inmenso poder que desconocías y que te permitirá cambiar tu realidad perceptual cuando lo desees.

Eso sí, cuando te eleves y despiertes a lo que se conoce como "consciencia espiritual", te sentirás como ese niño que espera todo el año a que Santa Claus le traiga la bicicleta de regalo, pero cuando ya la tiene en su poder, al corto tiempo se aburre de ella y la abandona en algún recóndito lugar de su casa, para nunca más volverla a ocupar. **"Todo lo que no representa un desafío para la persona, tarde o temprano se convierte en un estorbo indeseable"**. Es un comportamiento esperable, ya que, para algunos, lo previsible les hace perder la fascinación por las cosas y, lo más contradictorio, en casos extremos, por la vida.

No pretendo ser aguafiestas, mi intención no es arruinar tu sueño de transformarte en un "maestro cuántico", pero alguien tiene que advertirte para que te enteres de las insoslayables hipotecas asociadas al proceso.

Debes tomar consciencia de que, manifestar de manera efectiva, es una responsabilidad muy grande y el desempolvar este monumental poder, podría tener repercusiones para ti en el mundo espiritual. Esto, porque podría generarte efectos contrapuestos cuando retornes a la dimensión de los espíritus, que es a donde en verdad pertenecemos y el lugar donde mañana reflexionarás, acerca de lo conveniente que fue haber ocupado, en esta dimensión, las bondades de dicho poder.

Uno de los objetivos de venir a vivir esta experiencia terrenal es, precisamente, prescindir, por algún tiempo, de nuestros poderes connaturales y, en base a ello, encarnados, hacernos de algunas limitaciones y experiencias que, siendo espíritus, sería improbable experimentar. Por ejemplo, la capacidad de asombro respecto de los sucesos aleatorios que se van suscitando durante nuestro fascinante trayecto terrenal. Cuando eres espíritu puedes estar en varios lugares al mismo tiempo y, a la vez, en ninguno. ¿Qué sucedería contigo si, por ejemplo, fueras un encarnado que pudiera desdoblarse conscientemente y viajar a cualquier lugar que quisieras? ¿Qué pensarías si con ese poder, vinieras viajando arriba de un avión en el día de tu cumpleaños y, de pronto, decidieras desdoblarte para ir a ver qué está aconteciendo en tu casa? Sería divertido estar arriba del avión y, al mismo tiempo, convertido en espíritu, visitando tu casa. ¿Y si en ese acto compruebas que tu familia se encuentra preparándote una fiesta sorpresa? ¿Qué sucedería contigo? ¿Llegarías con las mismas ganas a casa, sabiendo de antemano lo que te tienen preparado? Lo más probable es que no. Delante de los integrantes de tu familia, tendrías que fingir un sentimiento de sorpresa, para que no sintieran que todo su esfuerzo por sorprenderte resultó en vano.

En el mundo espiritual somos inmortales. Todos los poderes que sueñas tener aquí, pierden total sentido allá, porque te sobran. Cuando algo es abundante y todo el mundo lo tiene, se desvaloriza.

Si de pronto te enteras que el reloj exclusivo que te ibas a comprar, ahora lo poseen todos allá afuera, de seguro perderás el interés por él. Eso es lo que sucede en la dimensión de los espíritus, donde somos eternos por un asunto energético y de consciencia universal. Allá tenemos enormes poderes, algunos inimaginables. Por eso, ¿qué sentido tiene venir a aplicarlos aquí? El propósito en esta dimensión, no es otro que expandir nuestra consciencia mediante aprendizajes generados a través del despojo de esos poderes, aprendiendo del dolor y de las restricciones, no del goce.

Dicho lo anterior, queda a criterio de cada lector el uso o no de "Maestría Cuántica", que permite modificar o, definitivamente, "reiniciar" nuestra realidad de una forma sencilla y breve.

Ahora bien, volvamos al proceso terrenal, analicemos tus principales creencias reductivas. Estas son las que nos van encerrando en una caja y no nos permiten ver más allá de nuestra nariz. La gran mayoría de nuestras creencias, tiene su origen en las de nuestros padres. Ellos, a su vez, obtuvieron sus primeros conocimientos del mundo a través de tus abuelos. Y, así, si seguimos el árbol genealógico nos encontraremos con una serie de vivencias que van marcando la tendencia "kármica" de la vida familiar. Se genera un círculo vicioso donde generación tras generación se van repitiendo los mismos patrones, cuyos resultados suelen ser "inconvenientes" para el linaje.

Para cercenar lo que algunas religiones llaman el Karma (ley de la causa y el efecto), que es la energía que se crea en base a los actos del individuo durante su vida y que genera las formas de las sucesivas reencarnaciones, hasta que el espíritu consigue la perfección, alguien de la cadena de descendencia debe hacerlo.

Por otro lado, si analizamos bien, cada religión y estudiosos de la metafísica en el mundo tienen sus propios estatutos y formas de explicar las variaciones de la energía, así como la manera de manipularla. No obstante, para efectos de este libro, nosotros solo nos centraremos en el resultado y no en su origen.

¿Qué es una creencia? Es un estado de la configuración mental que nos permite afirmar o pensar en la posibilidad de que un hecho o algo sea cierto. Nuestra consciencia es tan poderosa que, si nosotros creemos en algo, eso se traduce en una materialización en el mundo físico. Por eso, si creemos que estamos enfermos, lo estaremos. Si ponemos cierto nivel de atención o focalización en algo y nos convencemos de que es real, lo será.

Las energías en el exterior son mucho más moldeables por nuestra mente de lo que podemos llegar a imaginar. Sin embargo, por creer que no es posible, solemos subestimar tal posibilidad, restringiendo nosotros mismos nuestras grandes capacidades.

¿Cuáles son nuestras creencias más restrictivas?

1. Creer a ciegas en la ciencia.

2. Con la muerte todo se termina.

3. No existe forma de variar las cosas.

La ciencia nos encierra en una limitación mental a la que nos circunscribe la caja de zapato con su programación restrictiva. Por eso, la tomamos como verdadera e irrefutable, convencidos de que aplicando el método científico todo es reproducible, repetible y comprobable. Si, lo es, pero dentro del marco finito que el sistema nos deja ver. Este, nos ha enseñado que hay que ver para creer. "Si vemos siempre lo mismo, creeremos siempre en lo mismo".

Entonces, ¿qué pasaría si comenzáramos a creer en lo increíble? Cuando creemos en lo que nos han dicho que no es posible, se inicia un socavamiento que poco a poco echa abajo los diques mentales que contienen a esos infinitos y desconocidos poderes que nos harán conseguir lo que queramos.

La otra creencia es eso de que la muerte es el fin de nuestra existencia y que, más a allá de eso, no existe nada. Muchos valoran este tipo de vida como si fuera un gran tesoro. Pero, no entran en el análisis de que, primero: la muerte es un proceso inevitable. La única certeza que tenemos cuando llegamos a esta dimensión, es que, después de recorrer el trayecto, pasaremos a un estado nuevo, semejante a la desaparición. Nos moriremos.

Segundo, la muerte es un gran paso hacia otra dimensión. A esa dimensión, algunas religiones le llaman el "Purgatorio", porque se supone que allí alguien seleccionará a los mejores y se los llevará a otro lugar conocido como el "Paraíso". Si tú crees en eso, así será. Si no, será lo que tú consciencia decida hacer con su existencia universal.

Está comprobado que podemos hacer que un evento ocurra. ¿Cuántas veces hemos querido que algo suceda y luego acontece? Pero, ¿cuál es la diferencia entre un deseo que se cumple y otro que no? ¿Por qué unos si se materializan y otros no?

La respuesta está en la intensidad, emoción y atención que apliquemos a ese deseo. A mayor foco, mayor probabilidad de concretar el deseo. Sin embargo, uno de los mayores enemigos de la materialización efectiva, es el miedo. Es este el sentimiento donde confluyen todas nuestras creencias restrictivas, miedo a:

1. La muerte.

2. No cumplir las expectativas.

3. Perder algo.

Como decíamos, la muerte no existe, solo es un cambio de estado de consciencia, en la que nos convertimos en espíritus. A pesar de haber una distancia infranqueable, desde tiempos inmemoriales, todas las culturas de la faz de la Tierra hablan acerca de la existencia de los espíritus. ¿Por qué temer a la desaparición terrestre? Quien realmente teme a la muerte, es el ego negativo. Él sabe que, con el cambio de estado de consciencia que nos afectará, dejará de existir. Por eso, vencer el ego, es el otro frente que tendremos que afrontar en materia de manifestación efectiva.

El miedo "a no cumplir" está relacionado con la crianza que

nos dieron nuestros padres y el colegio. Allí, donde nos obligaban a ser responsables. Había que cumplir las expectativas del sistema y de la sociedad para ser validados y aceptados. Mucho de eso también está asociado al ego negativo, ya que este nos hace pensar que somos indestructibles y honorables, por lo que no podemos fallar.

Finalmente, el miedo "a perder", es uno de los más presentes en la consciencia de quienes se aferran demasiado a las estructuras terrenales. Si pierdes un automóvil, tu casa o tu trabajo, despreocúpate y toma las cosas con absoluta calma, aunque te sea difícil de aceptar. Mientras más exacerbes tus miedos, más energía negativa se apoderará de ti. Entonces, piensa: ¿qué es lo peor que te puede suceder en dichos escenarios?

1. Que no tengas en qué transportarte.

2. Que no tengas un techo donde vivir ni proteger a tu familia.

3. Que pierdas tu estatus social.

Ninguna de las tres alternativas, vale lo suficiente como para que termines en un psiquiatra, internado y loco. Mucho menos, pegándote un tiro o lanzándote desde un noveno piso. Además, nadie se ha muerto por perder algo material, salvo que lo haya permitido su propia mente.

En definitiva, si fue el sistema el que nos inculcó el miedo mediante la programación de nuestra consciencia, significa que igualmente la podemos reprogramar, deshaciéndonos de los preceptos reductivos.

¿Es difícil vaciar nuestros miedos y comenzar a erradicarlos? Si, porque es menos probable que una persona adulta cambie sus hábitos, a que lo haga un niño o un adolescente. Sin embargo, no es imposible. Tiene que ver con un estado mental particular que permita elevarnos hacia un proceso de consciencia que nos abstraiga de lo superficial, promoviendo el desapego. Es el caso de la meditación, que es la forma en la cual, podemos silenciar nuestras creencias más profundas y estrecharnos con nuestra consciencia pura.

Por eso, la primera recomendación para iniciar el entrenamiento y educación de la mente en el proceso de manifestación, es recurrir a cualquier método de meditación. Esto, porque es el mecanismo por excelencia que nos permite concentrar, por algún lapso de tiempo, en algo en particular.

Entonces, deberás hacer lo siguiente:

1. Busca un método de meditación cualquiera y comienza a aplicarlo de manera constante, por una cantidad de tiempo que te permita comprobar sus efectos.

2. Intenta desprenderte de tus miedos, mediante la tarea de convencer a tu consciencia de lo irrelevante que es este tipo de vida para tu ser espiritual. Como estarás en tus primeras incursiones mentales profundas, para programar ese pensamiento, puedes recurrir a tu ego negativo y utilizar su energía en tu favor. Es como si atacaras a tu enemigo con sus propias armas. Entonces, comienza a mirar con profundo desprecio y arrogancia máxima, todo lo que el sistema te ha hecho creer como algo indispensable para tu subsistencia.

3. Independiza tu compromiso mental de las expectativas que el sistema y su sociedad te han inculcado como algo importante e imprescindible.

Mientras más importancia le des en tu mente a lo que el sistema te exige o demanda, menos posibilidades tendrás de manifestar. Aunque te parezca contradictorio, podrás manifestar cosas materiales, en la medida que no sea un deseo intenso, que te haga creer a ti mismo, que lo requieres para satisfacer una carencia.

En otras palabras, la señal más nítida de que habrás conseguido el estado de consciencia superior para manifestar lo que quieras, será cuando sientas que te es tan fácil lograr lo que quieras, que nada de las cosas materiales o eventos, te será suficientemente fascinante, como para desearlas con ímpetu.

Es decir, cuando la frase: "no se es feliz cuando se tiene todo, sino cuando no se desea nada", te haga sentido, entonces habrás conseguido el título de "maestro cuántico" y no habrá deseo que no puedas cumplir.

CAPÍTULO IV: DIGANÓSTICO CUÁNTICO

Recuerdo la primera vez que me di cuenta de que debía existir alguna manera de determinar cuál era mi estado de consciencia para así poder elegir o crear mi propio "mecanismo de manifestación".

Era marzo de 2007, había participado de un taller de autosanación que impartía una asociación de trabajo energético. Consistía en un método de meditación, gracias al cual, podía sanar cualquier malestar físico o mental que me afectara. Me empeciné por practicarlo y lograr su aplicación de manera autónoma, con el propósito de corroborar su eficacia y así poder enseñarlo a quien lo necesitara.

El siguiente nivel de conocimiento se trataba de un curso para aprender clarividencia (capacidad de obtener información mediante la percepción extrasensorial), pero no lo hice, porque, antes, quería especializarme en la maestría de la autosanación.

Con el tiempo fui investigando y sumergiéndome en conceptos cada vez más sofisticados, con los que conseguí ampliar mis conocimientos, hasta llegar al de "manifestación consciente". Sin embargo, me demandó mucho tiempo poder asimilarlo, y no hablo de meses, sino de años. Esto, porque a pesar de que invertía todos mis esfuerzos en dominarlo, había cosas en mí mente que solían traicionar mis pensamientos cada vez que quería manifestar algo. Más del 50% de mis intentos de manifestación, fracasaban.

Cada vez que procuraba cumplir algún deseo, había una voz interna que me decía: "¿Y si no resulta?", "No, olvídalo esto es imposible". Fue entonces que descubrí que el inconsciente es un enano pequeño que suele ser un acérrimo y empedernido disidente de nuestros más profundos deseos. Es el verdadero Murphy, aquel que dice: "Si existe la más mínima posibilidad de que algo falle, fallará". Este castrante y abominable pensamiento es suficiente para boicotear hasta el más eficaz "mecanismo de manifestación". No importa que tan resolutivo resulte ser el mecanismo, mientras el inconsciente no se encuentre receptivo, no habrá forma de conseguir éxito en el proceso.

Concluí que, debido a los preceptos de nuestra sociedad, desde pequeños nos criamos con un miedo enorme y hasta enfermizo, a cualquier situación que pueda afectar a nuestro ego negativo. Esto sucede porque dicho sentimiento reductivo, está asociado al exceso de preocupación por lo material. Vale decir, mientras más apego tengamos hacia la materia, más propensos al miedo seremos y, en consecuencia, menos probabilidades de conseguir una manifestación efectiva.

Por eso, el primer trabajo que debes hacer, es centrarte en reducir dos aspectos mentales que frecuentemente constriñen tus diques de expansión de consciencia. Cuando hablo de expandir, significa que seas capaz de ampliar tus límites mentales autoimpuestos. Y aquí es cuando pongo en tela de juicio hasta qué punto puedo responsabilizar a la sociedad de mis propias barreras. No, no culpo a la sociedad, porque, en definitiva, cuando te conviertes en un adulto, tienes la posibilidad de dejar o no entrar a tu consciencia esos pensamientos reductivos y, por ende, encarcelar a tu inconsciente, que es el verdadero y más poderoso "maestro cuántico".

El primer ejercicio que deberás hacer para comenzar a correr los cercos de tu estrecha hacienda mental, será uno que te permita superar tu ego negativo y tus miedos, para reemplazarlos por ego positivo y tres sentimientos clave: determinación, convicción y seguridad.

Deberás programar a tu inconsciente con ego positivo, es decir, con un amor propio tan potente, que sea capaz de adquirir como bandera de lucha, una o más frases de guerra asociadas a la palabra, "determinación". Quizá algo como, por ejemplo: "lo voy a conseguir como sea, nada se antepone ante mí, jamás tendré obstáculos de ningún tipo. Esto me pertenece, es solo para mí. Yo estoy por sobre todo lo que percibo".

En el caso de la palabra "convicción", dirás: "esto va a resultar porque así lo quiero, porque así lo he decidido y porque así es". Por su parte, la palabra "seguridad", espetarás: "esto es a mi manera, como yo quiero, porque soy el o la mejor".

El objetivo de fondo es cambiar el obsoleto chip del bajo amor propio y la escasez arraigada en tu mente, producto de una crianza centrada en la cultura del miedo, incertidumbre y la pobreza que te han enseñado como el infierno más grande que un ser humano puede llegar a experimentar en la Tierra. Existe una frase que dice: "Huyes tanto de lo que temes, que al final, sucede".

Cuando te desprendes de esos sentimientos negativos y los cambias por emociones "guerreras", experimentarás un cambio radical en tu vida. Todo cambiará a tu alrededor de una forma que no imaginas. Tu propio cuerpo notará la diferencia, porque cuando estás en un estado "guerrero", sientes como si nada más que tú mismo eres el protagonista, guionista y director de tu propia película. Percibirás que tienes todo bajo control y el poder para cambiar lo que quieras. Esa actitud envalentonada envía una potente señal a tu inconsciente, haciéndolo retroceder en su afanoso ímpetu por derribar tus más felices planes. Él es el único capaz de cambiar tu realidad y adaptar los escenarios y comportamientos del ecosistema que te rodea. Es quien decide si te irá bien o mal en tus metas.

Debes tener presente que, al igual cómo reaccionan los cuerpos de manera distinta a un mismo tipo de medicamento, el proceso de manifestación puede provocar diferentes resultados según las características mentales y espirituales en las que se encuentre la persona. De esto depende la eficacia de cualquier método de manifestación.

Por eso, definir tu propio mecanismo, conforme al estado de consciencia en el que te encuentres, es fundamental. El éxito o fracaso de su aplicación, depende precisamente de ese aspecto. De ahí la relevancia de hacer un diagnóstico previo, antes de elegir el método de manifestación que mejor se adecue a tus características vibracionales, frecuenciales y energéticas por las que estés pasando.

Si no te sometes a una revisión que arroje como resultado tu "estado del arte de la consciencia", es decir, un "AS IS" de "nivel de consciencia", te será más difícil definir y conseguir el "TO BE". O sea, el "quien quieres ser". Por ende, podrías dilatar por mucho tiempo, la posibilidad de convertirte en un "maestro cuántico". Sobre todo, en el momento que más lo requieras.

Para obtener un diagnóstico acertado, debes medir algunos puntos críticos de tu "nivel de consciencia". Para esto, es necesario que te sometas a una simple y sencilla evaluación.

De acuerdo a mis conclusiones, las razones más recurrentes del fracaso en la aplicación de los "métodos de manifestación", tienen que ver con la ausencia de un diagnóstico concienzudo de los siguientes puntos de referencia, asociados al "nivel de consciencia" y a la ponderación que revisten cada uno de ellos:

1. Nivel de creencias   Factor = 25%
   - Determinación, convicción, seguridad
2. Nivel de espiritualidad   Factor = 20%
   - Espíritus, demonios, Dios
3. Nivel de conocimiento   Factor = 5%
   - Meditación, chacras, energía
4. Nivel de control mental   Factor = 20%
   - Manifestación, auto sanación
5. Nivel de intuición   Factor = 10%
   - Aciertos, desaciertos
6. Nivel de energía   Factor = 10%
   - Positiva, negativa, neutra
7. Nivel de ego   Factor = 10%
   - Positivo, negativo

Entonces, debes revisar estos puntos y pensar cuál es tu percepción dentro de los mismos. Para obtener tu "nivel de consciencia", deberás autoasignarte una nota por cada uno de los siete puntos antes descritos. El rango de cada nota deberá estar entre 1 y 7, conforme al criterio más honesto al que puedas acudir.

Una vez que hayas asignado tu nota por cada uno de los siete puntos, multiplicas por el factor que le acompaña. Por ejemplo, si en el "nivel de creencias" te asignaste como nota un 4, sería 4 multiplicado por 0,25 (que corresponde al 25% de importancia). Así, el valor ponderado te traerá como resultado, 1. Este, lo sumas al resultado que obtendrás en la operación del siguiente punto, que es: "nivel de espiritualidad". Luego, recurres al mismo mecanismo, multiplicando la nota que te asignes en ese ítem, por ejemplo 6. Este lo multiplicas por 0,20 (que es el 20% del factor ponderado). Te dará como resultado, 1,2. Si lo sumas al valor que arrojó el primer punto, obtendrás 2,2. Y, así sucesivamente, hasta completar la sumatoria de sus productos con el último punto que es el número siete, es decir, "Nivel de ego". Una vez sumados todos los valores, obtendrás una nota entre 1 y 7.

Resumiendo, para conseguir tu nota de "nivel de consciencia" en el que te encuentras, deberás aplicar la siguiente fórmula matemática:

$$NNC = \Sigma(i*factor)$$

Donde, NNC es: "nota nivel de consciencia". La letra "i", es el valor de la nota asignada por cada punto, cuyo rango deberá fluctuar entre los valores 1 y 7. Por su parte, la variable "factor", es el porcentaje de importancia asignado a cada uno de los siete puntos de "nivel de consciencia" descritos.

En conclusión, empleando el ejercicio matemático anterior, tendrás la nota final que te orientará acerca del "polo de consciencia" donde te encuentras. Si el valor obtenido en tu cálculo es menor o igual a 5, significará que tu entrenamiento deberá iniciar con técnicas que apunten directamente al inconsciente, ya que con ellas tendrás mejores chances de tener éxito en la aplicación de cualquier "método de manifestación" que elijas. Si, por el contrario, el resultado resulta superior a esa nota, querrá decir que es más probable que la concreción de tus deseos, te resulte utilizando de forma directa una técnica de "manifestación consciente".

Generalmente, lo anterior se produce porque el conducto que comunica al consciente con el inconsciente (Puente Alfa), suele estar más estrecho en personas cuya evaluación arroja una nota igual o inferior a 5. En tal caso, se debe trabajar con el inconsciente, a través de la meditación o repetición persistente, para así asegurar un mejor resultado en la reprogramación.

Gracias a la evaluación anterior, también te será más fácil establecer, cuál es el tipo de método más recomendado para iniciar el proceso de entrenamiento mental. Es bueno aclarar que las técnicas de manifestación que se abordan, tanto desde el consciente como del inconsciente, no son excluyentes entre sí. Es decir, ambos tipos de técnica pueden ser usadas en los mismos tiempos de entrenamiento. No obstante, no es lo recomendado porque si tu nota es igual o inferior a 5, te resultará poco provechoso intentar metodologías de "manifestación consciente".

La recomendación es utilizar el método más adecuado, en concordancia con tu "nivel de consciencia" imperante en tu presente inmediato, para así, incrementar las posibilidades de conseguir efectos en el corto plazo.

Encontrar el "método de manifestación" a tu medida es un desafío en sí mismo, especialmente, si no dispones de herramientas que te permitan evaluar tu "estado de consciencia". Ahí es cuando se hace necesario que cuentes con una metodología mediante la cual puedas identificar y diseñar tu propio "método de manifestación" y el entrenamiento adecuado para utilizarlo con efectividad y eficacia.

Debes lograr un método con el que puedas fabricar tus sueños de manera nítida, identificando los obstáculos que quieres superar, reemplazando o erradicando de forma definitiva tus creencias reductivas. Esas que te están privando de vivir la vida que mereces.

En otras palabras, deberás poder descifrar con exactitud cuál es ese "método de manifestación" que, aplicándolo, te permitirá ver cumplidos esos deseos que llenarían de paz y libertad tu vida, en consecuencia, de plena felicidad.

CAPÍTULO V: MANIFESTACIÓN INCONSCIENTE: ENFOQUE

Lo primero que tienes que considerar para iniciar un entrenamiento bajo el enfoque del inconsciente, es la reflexión acerca del poder que tienes y que está dormido en ti, debido a las creencias reductivas a las que has estado sometido durante toda tu vida.

El segundo paso es entender cómo funciona el inconsciente, como para que puedas comprender sus reacciones ante determinados hechos. Partamos de la base que el inconsciente es una zona de las redes neuronales del cerebro que tiene estrecha conexión con la glándula pineal. Esta, a su vez, cuenta con un atributo muy especial relacionado con lo que conocemos como la intuición, o también descrito coloquialmente como el "sexto sentido".

El inconsciente tiene la capacidad de actuar como artesano, donde su arcilla de trabajo es lo que Jacobo Grinberg solía llamar: "Lattice", conocida también como: "el campo cuántico".

Para dar una descripción sencilla acerca de qué es la "Lattice", imagina que estás en el centro de un cubo enrejado invisible, que abarca un perímetro de cien metros a tu alrededor. En él, cada uno de sus cuadros pequeños conforma una parte, o el total de los objetos que ves en tu vida diaria como algo natural de tu escenografía. Por ejemplo, un automóvil podría estar compuesto de mil cubos pequeños, que son un subconjunto del cubo más grande. Así, como las piezas de un lego gigante, que definen sus atributos y valores: tipo de forma, color, cantidad de asientos, tipo de tapiz, tipo de motor, número de ruedas, etc. Ahora, imagina que tienes el poder de alterar los valores de esos atributos con un simple pensamiento de tu inconsciente. Podrías decidir cambiar su color, cantidad de ruedas o motor cuando quisieras. Las posibilidades son infinitas, ya que ese objeto depende de tu capacidad creativa. Podrías ponerle alas o tal vez un motor a propulsión.

Como punto de atención, debo decir que la idea no es entrar en tecnicismos que pudieran resultar difíciles de entender para ti, solo quiero dejar en claro, el alcance de la estructura arquitectónica interna, que contiene el poder al que me refiero y del que muchos hablan sin tener plena claridad de lo que exponen.

Desde que el ser humano existe, el inconsciente ha sido objeto de estudio. En nuestros días, está siendo abordado con intensidad por el psicoanálisis, una teoría que indaga y ayuda a la comprensión del funcionamiento mental. El inconsciente ha sido siempre un mundo misterioso y alucinante para muchos científicos. Almacena toda la información asociada a lo que creemos que no es posible de controlar de manera consciente. Guarda los instintos más esenciales, entre ellos, el de supervivencia. Aquel que suele mantenernos en alerta ante las amenazas externas, es nuestro miedo a sufrir daño o morir. Además, contiene los sentimientos reprimidos y los algoritmos más simples, pero a la vez los más importantes para mantenernos con vida. Él sostiene el equilibrio de las funciones biológicas como, por ejemplo, el sistema inmunológico, la respiración y el ritmo cardiaco.

En el inconsciente también podemos encontrar: conocimientos, aprendizajes, talentos o recuerdos. Este componente del cerebro, está permanentemente interviniendo en tus acciones y la experiencia que deriva de ellas. No es un ente que razone, por lo que, es el consciente quien le da las instrucciones que en un momento dado requerimos almacenar.

El inconsciente es el que activa los mecanismos de defensa y desprende los elementos de la imaginación para la resolución de problemas. Es el repositorio de la energía psíquica. Se compone de atributos hereditarios y otros adquiridos. Es tan enorme su poder, que es capaz de crear estructuras de emociones y pensamientos que ordenan o desordenan nuestra vida, alterando los comportamientos y, por añadidura, la energía de nuestro cuerpo. Esto, a través de las angustias o el estrés, que corresponden a desequilibrios internos. La gran mayoría de las enfermedades de nuestro cuerpo que, en realidad no son enfermedades, sino desequilibrios internos o externos, entre el calor y el frío, por un exceso o deficiencia, son causadas por el consciente, al transmitirle información inadecuada al inconsciente.

El inconsciente es un ente literal, no reconoce instrucciones rebuscadas ni interpretativas, pues para eso está el consciente. Esto significa que si quieres darle una instrucción precisa para que cumpla su misión y modifique tu realidad, es necesario que le proporciones frases cortas y muy exactas. Si la instrucción viene difusa o es muy extensa, este no la entenderá y no ejecutará ningún tipo de acción que altere tu realidad perceptual, pues lo que a él más le atrae, es lo que se conoce como su "zona de confort".

Debes considerar que algunos pensamientos repetitivos conscientes se componen de frases breves. Estas pueden ser peligrosas si están relacionadas con tus temores, angustias o miedos más profundos. ¿Por qué? Porque si las piensas en un momento en que tu energía, vibración y frecuencia se encuentran transitando en la intensidad e intención requerida por el inconsciente, este la tomará como una instrucción válida que deberá ejecutar en la realidad perceptual. Bueno, ya habrás visto los resultados desastrosos que se pueden producir en tu vida cuando eso ocurre.

Por eso, la frase: **"ten cuidado con lo que piensas, porque se te puede hacer realidad"**, es muy cierta. Esa es la razón por la que tienes que entrenar tu inconsciente de una forma tal, que siempre lo tengas a tu favor. También dicen por ahí: **"a las malas personas, es mejor tenerlas de amigas antes que de enemigas"**. El inconsciente es uno de esos tipos de entes a los que no les puedes dar la espalda, pues muchas veces se comporta como tu peor enemigo, actuando como un ser bipolar, especialmente, cuando detecta que tus miedos e inseguridades son mayores que tus certezas.

Esa es la importancia de fortalecer aquellos pensamientos

que te proporcionan sensaciones de determinación, convicción y seguridad, recurriendo a la potenciación de tu ego positivo.

Es necesario entender algunas premisas esenciales del inconsciente:

1. El inconsciente es ingenuo, por lo que es posible engañarlo.

2. Al ser literal, mediante una instrucción simple, podemos ordenarle que haga grandes cosas sin acudir a metáforas, frases largas o lenguaje sofisticado que demande grandes esfuerzos de elaboración.

3. Existen instantes en el día donde el inconsciente está más receptivo. Durante las noches antes de dormir y en el primer instante cuando estás pronto a despertar.

Lo mejor de todo, es que cuando logras que el inconsciente se transforme en tu amigo, lo será el resto de tus días y de manera incondicional. Esto, porque, como si fuera un perro amaestrado, tendrá todo el tiempo una buena disposición a obedecer lo que tengas para ordenarle. Jamás debes titubear ante él, porque a la primera actitud dubitativa que detecte en tu emoción, lo hará rebelarse contra ti, arruinando cualquier intención de manifestar que tengas, por mínima que esta sea.

La supresión del miedo y el ego negativo en tus pensamientos, será fundamental para comenzar a manifestar de la forma más eficaz que jamás hayas experimentado. Además, mientras más desapego tengas a lo material, más probabilidades de manifestar con un alto grado de eficacia.

Si te fijas, suele acontecer que, mientras más deseas algo, más lo alejas. Te preguntarás la razón de este fenómeno. Sucede, no porque las fuerzas del deseo sean contrarias al objeto, sino porque tu vibración y la emoción que le imprimes a la manifestación, no concuerda con la energía de ese objeto. Si pretendes manifestar en base a la ansiedad y la inseguridad, perderás la batalla. Deberás modificar la actitud de tu consciencia, de manera que el inconsciente reciba una orden y no una súplica.

Por eso, al igual que existe un ego negativo, también existe un deseo negativo. Adicionalmente, cuando pidas las cosas, hazlo de una forma mental que no te haga sentir que lo estás manifestando por necesidad o escasez. Al ser literal, el inconsciente suele tomar tus emociones tal y como las recibe, sin aplicarles filtro ni maquillaje. Entonces, cualquier inconsistencia en el mensaje, que venga acompañada de una vibración, emoción y visualización disonante, hará que tu nueva realidad resulte al revés de lo que pensaste. Ahí es cuando se apersona en tu escenario lo que conocemos como: "La ley de Murphy".

Pero, ¿cómo superar tus miedos, temores o angustias sin morir en el intento? Debes saber que los miedos provienen del ego, es decir, de tu apego a los aspectos materiales. El inconsciente teme a lo desconocido, empeñándose por tener certezas. Al no poder tenerlas, se desespera, respondiendo con sentimientos de angustia, ansiedad y estrés. Como consecuencia, genera sus propios mecanismos de defensa, reteniendo cualquier ímpetu que tengas por cumplir, o deseo que te lleve a nuevos escenarios, por tanto, a renovadas emociones. Ahí es cuando boicotea tus anhelos y los convierte en escenarios o estados indeseados.

Las emociones son una de las piedras angulares del proceso de manifestación, siempre contienen información positiva o negativa del inconsciente. Por eso, en el proceso de "creación de realidades" es preciso que tengas el poder de controlar tus emociones. Si no puedes, tendrás que forzar la sumisión de estas a tu entera voluntad, mediante mecanismos de meditación, incluso, a través de técnicas de hipnosis. Esta última, en mi caso, nunca fue necesaria, ya que con el tipo de meditación que ideé, pude alcanzar estados profundos de control mental, los que me permitieron después, manifestar de forma segura y eficaz.

Uno de los puntos altamente relevantes para manifestar, en

el orden que sea, tiene que ver con tu nivel de vibración. Mientras más alto vibres, mayores posibilidades de manifestar de forma efectiva tendrás. ¿Cómo detectar cuando estás vibrando alto? Existen 7 señales irrefutables, las mismas que caracterizan a un "maestro cuántico":

1. Los animales se sentirán seguros con tu presencia. Percibirás que se acercan a ti con confianza.

2. La gente te mirará en público, se les hará imposible no sentirse atraídos por tu energía positiva.

3. Los extraños se acercarán a ti y te relatarán sus historias de vida. Serás como un imán para quienes busquen alguien que los escuche.

4. Frecuentemente, recibirás cumplidos por tu calma y serenidad. Las personas percibirán tu equilibrio interno y se sentirán inspirados por él.

5. Serás un punto de referencia para quienes buscan algún consejo. Tu sabiduría y empatía, hará que los demás confíen en ti.

6. Podrás sentir como varía la energía de una habitación cuando entres en ella. Tu presencia iluminará el lugar.

7. Irritarás a las personas tóxicas, solo siendo tu verdadero "yo". Tu autenticidad destacará y desafiará a sus negatividades.

CAPÍTULO VI: MANIFESTACIÓN INCONSCIENTE: CIRCULACIÓN ENERGÉTICA

Como ya lo hemos dicho, para poder manifestar con un alto grado de eficacia, deberás suprimir tu ego negativo y tus miedos. Ambos son sentimientos limitantes que en su conjunto restringen tu poder. Esto, porque te remiten a tus exiguas capacidades terrenales, dejando de lado las más importantes, que son las espirituales.

El nivel de importancia que le das a tu perspectiva terrenal, hipoteca tu poder de artesano sobre tu realidad perceptual. Si en el circo a un elefante le quitas la cadena que lo ha mantenido preso durante toda su vida, probablemente, el animal jamás se dará por enterado de que ahora es libre y, pese a no tener el grillete en su pata, seguirá comportándose como si todavía lo tuviera.

Pues bien, lo que debes hacer, es tomar consciencia de que nunca tuviste el grillete en tu pie. Solo lograron convencerte de que lo tenías puesto. Ese es el primer pensamiento que debes aprender. Debes asumir la verdad, en el sentido de que eres un ser poderoso e indestructible. Tu muerte no existe, es simplemente el abandono del cuerpo material para entrar en una transición hacia un estado de consciencia que te trasladará a otra dimensión.

Quizá la ventaja más grande que tuve para llegar a un estado de manifestación eficaz de "Maestría Cuántica", fue haber descubierto la técnica de los "Treinta grados".

Cuando junto a otras personas comprobé de manera empírica la existencia de los espíritus, me convencí, con hechos, de que la muerte no existe. Fue aquel impresionante suceso, el que me llevó a ganar: determinación, convicción y seguridad. Si, porque nadie teme a algo, a menos que crea en ello. Con tamaña comprobación, la muerte dejó de ser una preocupación para mí.

Pero, ¿cómo ver espíritus para dar ese trascendental primer paso que te llevará a perder el miedo más implacable, aquel del miedo a la muerte? Mi recomendación es que comiences a estudiar la técnica de los "Treinta grados". Aunque no considero que sea un requisito indispensable, te ayudará a convencer a tu inconsciente de que no debe tener miedo a lo que no existe. La mayoría de la gente le teme a la muerte, porque creen que todo termina con ella y, por eso, se convencen de que nunca más volverán a ver a sus seres queridos.

Nada más lejos de la realidad, porque con nuestra "muerte" se termina nuestro ego, ya que este sentimiento está ligado al mundo material y no al espiritual. De ahí, pasamos a reunirnos con quienes partieron antes que nosotros y fueron nuestros compañeros de viaje terrenal. Algunos de ellos, incluso, ya han vuelto a la Tierra reencarnados, a vivir una nueva experiencia, por otro lapso de tiempo.

Bien, dicho lo anterior, entremos en materia. A continuación, vamos a enumerar los pasos del primer algoritmo de "Maestría Cuántica", orientado a reprogramar el inconsciente. Entre otros, el propósito de este conjunto de sucesiones, es ayudarte a suprimir tus miedos, sanar cualquier afección, incluso, la depresión.

Antes de describir los puntos, debes conocer algunos conceptos básicos, asociados a los componentes de la energía vital:

1. Chakras: se refiere a vórtices energéticos que están distribuidos por todo el cuerpo. Son siete los principales y dentro de estos, existen tres que son fundamentales para mantener la integridad esencial de todo ser humano.

   El primer chakra o raíz, es indispensable para nuestro instinto de supervivencia. En tanto, el tercero, conocido como el de plexo solar, está relacionado con el ego y la autoestima.

   El séptimo chakra es el coronario, conecta nuestros componentes físicos, emocionales, mentales y espirituales.

   Te parecerá increíble, tuve una experiencia extraordinaria donde pude ver mis chakras. Ocurrió cuando, en una ocasión, una persona me hizo "magia negra". Entonces, para intentar quitarla, debí someterme a varias terapias energéticas, entre ellas, unas cuantas sesiones de "péndulo hebreo", que es un tipo de terapia de sanación y armonización milenaria. Mi sorpresa fue monumental, cuando en pleno proceso, mientras la terapeuta desplegaba con ahínco el péndulo sobre mi cuerpo, con mis ojos cerrados, comencé a ver estructuras de diversos colores, semejantes a pequeñas lágrimas de hielo con forma de estrella. Al principio, pensé que la mujer deslizaba tarjetas de colores en la superficie de mis ojos. Encerrado en mis pensamientos, me preguntaba, ¿cómo era posible que las pudiera ver con los ojos cerrados? Cuando concluyó el reponedor ritual, desperté y no dudé en interrogarle: "¿has deslizado tarjeras de colores sobre mis ojos mientras los tenía cerrados?". "No, nada de eso. Solo he ocupado el péndulo hebreo, recorriendo tu cuerpo para limpiar tus chakras, ya que la magia negra que arrojaron sobre ti es brutal", respondió desconcertada.

En ese mismo instante, sentado sobre la camilla, recordé que los chakras tienen colores. "¿Qué fue lo que viste?", preguntó curiosa la terapeuta. "Vi un desfile de pequeñas estrellas de colores, desplegándose en un fondo negro. Eran principalmente violetas, pero también había verdes, azulinas, amarillas y naranjas", contesté. "Es increíble. Esos son los colores de los chakras que intervine", respondió asombrada. Entonces, supe que su medicina con el "péndulo hebreo" había sido efectiva.

Esa tarde había arribado de urgencia al centro de medicina energética, pues me encontraba en un estado deplorable. Casi no me sostenía en pie, porque todo me daba vueltas. Llevaba la sensación de haber estado en un parque de diversiones, sobre un juego mecánico de esos que giran a gran velocidad. Sin embargo, después del intenso rito, noté de inmediato un cambio positivo y sustancial que más tarde me llevó a la recuperación.

Los detalles de cómo fue que me lanzaron "magia negra", los narraré en mi siguiente libro. De todos modos, no era la primera vez que sufría algo similar.

2. Aura: es un campo energético que envuelve la arquitectura física de las cosas y de los seres vivos. En el ser humano, el aura se ve como si nos encontráramos dentro de una capsula energética ovalada, que nos sigue

a todas partes. Se le conoce también como el arcoíris humano.

Utilizando el método de los "Treinta grados", también se puede ver esta sutil película energética que envuelve los cuerpos terrenales y espirituales. Es como si se tratara de caramelos enfundados en papel transparente y una luz blanca intensa bordeando su contorno.

Al igual que cualquier componente de esta dimensión, el aura se contamina con las energías de nuestros pensamientos y las de quienes nos rodean. Por eso, regularmente, debemos limpiarla. El "péndulo hebreo" es una opción para conseguir su restauración, pero también lo es la técnica de "circulación energética", fórmula que veremos a continuación.

3. Energía vital: es aquella que compone todo lo que vemos y percibimos en las cosas y en los seres vivos. Antes de crear la técnica de los "Treinta grados", creía imposible la presencia de una energía que rodeara a los componentes de nuestra realidad perceptual. Todas las nociones aprendidas en mi preparación académica se diluyeron, cuando comencé a evidenciar su existencia sobre los cuerpos de los hologramas, de las personas vivas y muertas. Admito que no fue nada fácil deshacerme de todos los conceptos primarios aprendidos a través de las enseñanzas del sistema. Más difícil aún, fue reemplazarlos por otras ideas nuevas y liberadoras.

Entendidos los planteamientos anteriores, continuaremos con el siguiente paso, que es describir una de las técnicas de "Maestría Cuántica", llamada: "circulación energética". Esta técnica permite limpiar los chakras para alinearlos cuando se encuentran desajustados, ya sea por nuestras vivencias, o por las intensas emociones propias del trayecto terrenal, incluyendo el desprendimiento de toda fuerza negativa que nos embargue.

Lo que vamos a hacer es despojar a tu cuerpo de cualquier energía negativa que exista en él. Aunque te parezca inconcebible, esto no se trata de fantasía. Si lo piensas así, no te culpo, ya que, al igual que tú, cuando comencé, también me comporté muy escéptico.

La mayoría de la gente tiende a pensar que esto no es real y que solo se trata de "charlatanería". Sin embargo, a parte de mi comprobación empírica, a través del método científico, existe mucha literatura que lo avala. Somos energía pura y nadie ha podido rebatir esto.

Cuando te encuentras en un estado de consciencia receptivo te es más fácil aceptar y adoptar los conceptos. No se trata de tener fe, como podría sugerir la religión, sino de conocer el verdadero poder de la mente y utilizarlo de forma correcta para obtener resultados, a los que, de seguro, cuando los experimentes, te costará dar crédito. Este fue el método que me ayudó a eliminar la depresión.

La fórmula se describe en diecisiete pasos y tiene como fin, proveerte de los siguientes beneficios:

a. Mejorar tu estado de ánimo mediante la relajación, ya que te tranquiliza, suprimiendo el estrés y la ansiedad.

b. Ayudar a sanar cualquier órgano de tu cuerpo.

c. Limpiar tu energía áurica, deshaciéndose de las energías negativas que pudieras tener adosadas.

d. Preparar tu inconsciente para erradicar tus miedos.

e. Dar los primeros pasos para adquirir las herramientas que, a través de "Maestría Cuántica", te permitirán manifestar a consciencia y de manera eficaz.

Ahora, revisemos los pasos de la técnica de "Circulación energética" que te proveerán de los beneficios antes descritos.

1. Ve a un sitio solitario donde tengas la certeza de que nadie te va a interrumpir.

2. Siéntate en un lugar cómodo, donde tus piernas puedan quedar fijas y las plantas de tus pies luzcan descalzas. Deben quedar posadas en el piso. Pon tus manos sobre tus rodillas con las palmas hacia arriba.

3. Cierra los ojos y comienza a respirar lentamente, fijándote en su frecuencia e intensidad, distribuyendo el aire por todo tu cuerpo, especialmente por la zona abdominal. Procura poner toda tu atención en esa respiración durante un par de minutos, relajando tu cuerpo, desde la punta de tus pies hasta tu rostro, pasando por tus canillas, muslos, caderas, espalda, pecho y hombros.

4. Ahora, recurre a tu primer chakra, que es un vórtice situado en la base de tu columna (zona de espalda baja). Este es el responsable del instinto primario, el contacto con la madre Tierra y su esencia. Ahí tienes una pequeña estructura energética con forma de cono, que está girando continuamente como un remolino.

5. Desde él, imagina que lanzas un intenso rayo de color amarillo intenso, o del color que creas te da mayor fortaleza. Crea en tu mente la imagen donde ese rayo luminoso, traspasa la superficie terrestre justo debajo de ti, recorriendo los 6.300 kilómetros hasta el centro de la Tierra. Una vez que llega hasta allí, crea en tu mente la sensación de que ese rayo se contorsiona adhiriéndose firme a esa bola de hierro incandescente, que se encuentra en el centro del planeta. Luego, observa como ese rayo se convierte en un canal o viaducto, a través de cual, podrás expulsar, de manera expedita, todas las energías negativas que tengas en tu cuerpo.

6. Ahora, sin perder tu concentración, centra tu emoción en el centro de tu cabeza, obviando cualquier pensamiento perturbador reciente o pasado, evitando cualquier distracción. Imagina que describes en una libreta en blanco, todos aquellos pensamientos negativos que te tienen abrumado: "la discusión con tus compañeros de trabajo", "los asuntos familiares pendientes", "las deudas bancarias", entre otros. En seguida, imagina que abres una caja fuerte y que, dentro de esta, introduces esos pensamientos negativos junto a la libreta donde los

describiste. Luego, procedes a cerrar la caja introduciéndole una combinación al azar que nadie podrá adivinar jamás, tampoco tú.

7. Bien, imprégnate con la idea de que estás relajado, como un mero observador, sentado en medio de una habitación pintada de blanco intenso. Esta se encuentra iluminada por una luz refulgente del mismo color. Frente a ti, hay un corazón rojo del tamaño de tu puño y, dentro de este, un pequeño sol brillante y luminoso. Contémplalo relajadamente, respirando a un ritmo pausado, pero constante.

8. En tu mente, di tu nombre en voz alta tres veces, asegurándote de que allí estés solo tú. Continúa manteniendo el ritmo calmado de tu respiración.

9. Procura mantenerte en un estado relajado que te haga sentir cómodo y plácido. Comienza a imaginar que sobre la corona de tu cabeza hay un pequeño sol amarillo y luminoso del tamaño de un platillo, que gira con una rapidez imperceptible, siguiendo el sentido del reloj.

10. De pronto, proveniente del padre sol, aterriza un rayo de luz áureo, similar a un láser que se escabulle por la zona media de aquel pequeño sol coronal que tienes sobre tu cabeza. En su interior, la luz de la varilla energética es profunda e intensa, trae energía pura del padre sol. Tu sol coronal la absorbe generando varias "cuerdas energéticas". A través de él y en el trayecto, estas se van dispersando por todo tu cuerpo, derramando lentamente, sobre cada uno de los componentes biológicos de tu anatomía, energía cósmica pura y renovada.

Las "cuerdas energéticas" inician su camino por tu mollera, continuando por tu espina dorsal, tus brazos, pecho, envolviendo por completo tus órganos esenciales: corazón, hígado, pulmones, estómago, tiroides, páncreas, riñones, todos los órganos y ligamentos de tu cuerpo. En el caso de las mujeres: trompas de Falopio, útero y cuello uterino. En el de los hombres: próstata, testículos y uretra. Procura imaginar tus vísceras en tu mente.

11. Por medio de las "cuerdas energéticas", el flujo que contiene el poder luminoso del padre sol, comienza a limpiar cualquier patógeno o energía negativa contenida en tu cuerpo, así como cada uno de los órganos descritos en el punto anterior.

   Antes de llegar a tu zona baja, las cuerdas se unen derivando en una sola, la que se introduce en tu primer chakra, hasta ensamblarse con el rayo que, en ese instante, te conecta con el centro de la madre Tierra. Así, se genera un único conducto que hace fluir por gravedad, la poderosa energía sanadora, proveniente de la zona alta de tu anatomía, transitando por tus órganos intermedios, hasta decantar en tu chakra primario, el cual expulsa cualquier vestigio que emane del proceso de limpieza, por ejemplo: energía negativa, patógenos, o dolencias de cualquier índole. A través del rayo amarillo intenso, el chakra primario inicia el envío de la energía ya utilizada, hacia el centro de la madre Tierra, siendo allá diluida y eliminada por el ardiente magma intraterrestre.

12. Ahora bien, vamos por el paso siguiente. Imagina que en las plantas de los pies tienes dos chackras, uno para cada uno. Desde el centro de la madre Tierra, aparecen dos rayos de luz energética que de inmediato surgen y se conectan con los vórtices (chakras) de las plantas de tus pies. A través de ellos, comienzan a nutrirte de energía nueva, pura y renovada, ascendiendo lentamente por tus pies, pasando por tus canillas, muslos y pelvis, hasta que ambos rayos de luz, confluyen en tu chakra primario, donde se entremezclan con la energía proveniente del padre sol.

13. Ahora, mientras dejas en modo automático la circulación de energía vital, vas a hacer lo siguiente:
   a. Imagina que a tu alrededor comienzan a aparecer varios corazones que levitan, bajo el corazón

principal que describimos al comienzo, aquel que tenía el pequeño sol luminoso en su interior, ¿recuerdas? Como el principal, estos corazones también son rojos, pero están hechos de unos frescos pétalos de rosas rojas.

b. Traerás a tu mente, de forma gráfica, todos aquellos símbolos que representen para ti, el miedo y el ego. Por ejemplo, si temes perder tu trabajo, imagina ese momento fatídico al que tanto temes, donde tu jefe te esté entregando el sobre azul del despido. Toma una fotografía de ese preciso instante y consérvala dentro de tu mente.

c. ¿La tienes? Bien, ahora toma uno de esos tantos corazones que te rodean y pon la fotografía sobre él. Luego, imagina que pones una potente bomba justo bajo el corazón y la fotografía. Ahora, imagina que tienes un mecanismo de activación de ese explosivo.

d. Presionas el botón de activación para hacerla estallar. Entonces, te conviertes en testigo presencial de la explosión que destruye de manera total, ambos objetos, corazón floral y fotografía, viendo en directo, cómo se desintegran ambos al unísono.

El mismo ejercicio del corazón y la fotografía, haz con todos los miedos que pudieras tener, incluso con aquellos más rebeldes como la muerte o alguna enfermedad que estés atravesando, no importa lo grave que sea. Barre las cenizas y arrójalas a un tacho de basura, el que suprimirás con una equis roja que lo hará desaparecer de tu imaginación.

14. Todavía circula por tu cuerpo entero, como un torrente sanguíneo, la poderosa, concentrada y renovada energía proveniente de tu sol coronal, que se encuentra sobre tu cabeza. Desde los chakras de tus pies, lo hace la energía pura procedente de la madre Tierra. Ambas, permitiendo la limpieza absoluta de tu anatomía. Ahora, con los ojos cerrados, vas a visualizar tu aura. Recuerda que esta es una película energética que cubre tu cuerpo como si estuvieras en el interior de una cápsula energética,

vigorizante e invisible.

15. Al cabo de cinco o diez minutos, dejará de haber energía negativa en tu cuerpo. Tus órganos habrán sido purificados a cabalidad.

Al igual que en las plantas de tus pies, en las palmas de tus manos también tienes un chackra para cada una. Dos de las "cuerdas energéticas" que recorrían tus brazos, decantan en dichos conos energéticos de tus manos. Desde ellos, imagina que comienza a brotar, de manera intensa, energía pura y poderosa, colmando todo el interior de tu cápsula áurica, limpiando su interior y sus bordes como si fuera un gran removedor de energía corrosiva.

16. Ahora, imagina que el sol coronal desciende, hasta situarse justo en tu entrecejo, allí donde se ubica tu "tercer ojo" o glándula pineal. En el acto, aquel energético sol coronal, comienza a emitir potentes destellos de luz de energía vital, entremezclándose suavemente con la que emana de tus chakras de las palmas de tus manos. Al mismo tiempo, el sol luminoso que se encuentra en el centro del corazón principal, que describimos al principio, inicia lentamente su expansión, desplegando toda su luminosidad blanquecina y destellante dentro de tu cápsula áurica. El sol del corazón principal, colma con amor tu cápsula áurica, mientras que el coronario lo hace con iluminación universal, para expandir tu intelecto y sabiduría. Tú mismo puedes ver cómo te resplandeces de una energía extraordinaria y potente que te ha renovado, recuperándote de cualquier afección, por compleja que esta sea.

17. Después de un minuto de ejecutar limpieza energética, ha llegado el momento de cerrar el proceso. Para ello, procedes a suprimir el rayo de luz que emana desde el padre sol, desconectándolo de tu sol coronario. Además, cortas también, aquel rayo amarillo intenso que lanzaste hacia el centro de la madre Tierra, procedente de tu

chackra primario y aquellos que te nutrían de energía, a través de los chakras de las plantas de tus pies.

El sol coronario que habías situado en tu entrecejo, contrae sus "cuerdas energéticas" y se retira de súbito, hasta desaparecer en la inmensidad del cielo. Suprimes la expulsión energética que irradia de los chakras de las palmas de tus manos. Luego, aún con los ojos cerrados, te inclinas extendiéndolas hasta tocar el suelo con los dedos, para expeler cualquier rezago o exceso de energía vital que pudiera quedar en tu cuerpo. Abres los ojos y te recompones. El proceso de "circulación energética" ha concluido con éxito.

Esta técnica puedes aplicarla tantas veces como creas necesario. Notarás cambios desde el primer día, porque la mente es la que comanda "el ser" y una de sus grandes características, es la de poder recomponer todos los aspectos de la vida, a través de la aplicación de "circulación energética".

Debido a que la mayoría no tiene conocimiento acerca de la existencia energética, mucho menos del poder que es posible ejercer sobre la realidad perceptual gracias a ella, es que, a muchos de los problemas que les aquejan, suelen no encontrar la forma de darles solución.

La energía universal es tan poderosa que, incluso, cuando logras hacerla circular de manera correcta, por tu cuerpo y esencia, percibirás un aroma especial; muy similar al que expelen los cables del tendido eléctrico de alta tensión, cuando están en su pleno funcionamiento y vida útil.

Esta técnica es el primer paso para comenzar a entrenar el control de tu mente en la meditación. Te permitirá administrar de manera eficaz, lo que, en adelante, denominaremos: "manifestación inconsciente". Ya que, te entrega las primeras herramientas para iniciar el camino hacia el dominio de los pensamientos.

Para la mayoría de las personas, cuyo "diagnóstico cuántico", les arroje una nota igual o inferior a 5, el entendimiento de la "manifestación inconsciente", es un paso necesario para llegar al siguiente, que es la "manifestación consciente", una de las más rápidas y eficaces que podrás experimentar, pero, a la vez, la que conseguirás siempre y cuando, imprimas un mayor y disciplinado entrenamiento.

Cabe señalar que, algunas personas traen en su chip mental, y de forma natural, la capacidad de "manifestación consciente". Esto, puede eximirles de tener que entrenar antes, la "manifestación inconsciente". Por lo general, la excepción se da debido a que dicho tipo de personas, no tienen programadas en su inconsciente, creencias reductivas importantes o marcadas. Suelen ser más seguras de sí mismas, tienen un poder de convicción y seguridad implacable, que les permite reducir las enormes trabas que muchas veces nos impone la mente inconsciente.

Con todo, es aconsejable que quien quiera inducirse en "Maestría Cuántica", de todas maneras, se someta al "diagnóstico cuántico", para minimizar la probabilidad de invertir un exceso de tiempo, buscando de manera infructuosa, obtener resultados inmediatos y persistentes en el tiempo. Además, hacer las cosas desde el principio, sin saltarse etapas, es una buena forma de estandarizar nuestras capacidades mentales, basados en nuestro estado o nivel de consciencia y su imparable evolución.

CAPÍTULO VII: MANIFESTACIÓN INCONSCIENTE: VISTA PREVIA

Después de que hayas conseguido atenuar o eliminar tus miedos, deberás recurrir a la siguiente fórmula de "manifestación inconsciente". Debo aclarar que el hecho de llamar "inconsciente" a este concepto de manifestación, no significa que al practicarlo debas hacerlo en un estado de inconsciencia. Nada de eso, simplemente, se refiere a ejecutar la reprogramación del inconsciente, a través de la meditación, para conseguir el cumplimiento de algún sueño o deseo de forma un tanto diferida.

Precisado lo anterior, el mecanismo que te presento a continuación y que debes aplicar siguiendo estos pasos, se llama "Vista previa":

1. Concentración: poner la mente en un estado de focalización permanente, que te permita dirigir tus sentidos hacia el escenario que te gustaría producir en tu realidad perceptual. Procura hacer que, en ese instante, tengas paz y, si es posible, un sentimiento de iluminación. Cuando hablo de iluminación, me refiero a un despojo total de tu esencia terrenal, una elevación con desapego y conexión contigo mismo en tu ser interior.

2. Percepción: debes comenzar a estructurar en tu mente consciente, una emoción intensa relacionada con lo que deseas. Es decir, lograr la vibración máxima de tu corazón. Esto, con el propósito de condicionar tus pensamientos posteriores, de manera de trazar el camino que te llevará a la materialización.

4. Consistencia: debes hacer que tu percepción y emoción, adhieran a la sintonía de tus pensamientos, mediante la aplicación de una fuerte intencionalidad, con la que

conseguirás que ambos conceptos fluyan al unísono en tu mente y en la misma frecuencia. Esto deberás hacerlo en instancias donde tu inconsciente esté más receptivo al grabado de nuevos programas, es decir, cuando sus frecuencias estén en el rango "beta" y "gamma". Ambas frecuencias se generan durante la noche, antes de quedarte dormido y por la mañana, en el primer instante antes de despertar del todo. Así, podrás transmitir con mayor eficacia, el mensaje desde el consciente al inconsciente.

5. Visualización: tendrás que configurar tu escenario soñado. Por ejemplo, si quieres un carro, deberás construirlo en tu mente, con el mayor detalle que te sea posible. Si no tienes suficiente imaginación para condicionar tu pensamiento, acude a la memorización de fotos que puedas obtener desde Internet. En el ejemplo del carro, estas deben ser lo más idénticas al que sueñas, centrándote en su forma, color, aroma y aspecto.

6. Ejecución: después de lograr consistencia entre tu mente y tu corazón, vale decir, entre la visualización y el sentimiento, deberás pasar a la ejecución, en modo presente. Pero, ¿qué significa pasar a la ejecución? Quiere decir que comenzarás a actuar como si ya lo tuvieras. Adhiere al sentimiento profundo de que aquello que deseas ya está en tu poder.

7. Expulsar: en este punto, debes dejar ir las expectativas sobre ese deseo que programaste. Vale decir, debes olvidar lo que pediste, sin esperar nada al respecto. Es como cuando duermes y tienes un sueño del que al otro día te acuerdas por unos cuantos minutos, pero después te olvidas absolutamente de él. Esa es la estrategia que debes utilizar en esta parte de la técnica.

Los puntos anteriores se resumen en la siguiente fórmula:

Manifestación=Percepción+Visualización+Ejecución

Cuando consigues la sinergia consistente entre los tres conceptos de la manifestación, el inconsciente lo comienza a percibir como una realidad que estás experimentando, por lo que remitirá el mensaje al campo cuántico o "Lattice" y esta, en seguida, modificará tu escenario en consecuencia, haciendo que lo que quiera que hayas pedido, finalmente se materialice en tu realidad perceptual.

CAPÍTULO VIII: MANIFESTACIÓN CONSCIENTE: ENFOQUE

Una de las diferencias entre la "manifestación consciente" y la inconsciente, es que la primera es un atributo adquirido mediante el entrenamiento persistente en el tiempo, utilizando la técnica de "manifestación inconsciente".

Si, porque la "manifestación consciente" suele tardar menor tiempo en materializarse que la inconsciente. Esto, porque a esas alturas ya has conseguido generar un canal expedito de comunicación efectiva, entre el inconsciente y el consciente. Es así que, entre ambos, la conexión se ha convertido en una práctica fluida y habitual. Significa que los circuitos de triangulación que unen al consciente, inconsciente y al campo cuántico, han sido depurados y, por ende, estabilizados para permitir la fluidez informacional entre ellos.

En la "manifestación consciente", se asume que ya tienes absoluto dominio y control sobre los sentimientos base requeridos, que son: determinación, convicción y seguridad, por lo que ya no solicitas deseos al inconsciente, sino que le impartes órdenes, siendo estas: directas, precisas y hasta enérgicas.

A la hora de manifestar, no tienes ningún tipo de titubeo, porque tienes el control absoluto. Por única vez, centras toda tu atención en lo que quieres conseguir, definiéndolo con precisión, estableciéndolo como una verdad y de manera enérgica, en tiempo presente.

Sin embargo, supondremos que tu caso, ya sea por falta de tiempo u otro motivo, es de alguien que no desea pasar por la instrucción que reviste la "manifestación inconsciente" y, en cambio, desea ir "directo al grano". Siendo así, lo primero que debes saber, es que existen altas probabilidades de que estés tomando el camino más largo.

Si todavía con este antecedente en la mano deseas avanzar, el primer paso que deberás abordar, es analizar las coordenadas de tu personalidad. Deberás determinar: ¿quién eres hoy?, ¿qué te mueve?

y ¿hacia dónde vas? En seguida, preguntarte: ¿quién quieres ser y cómo puedes transformarte en esa versión hiper mejorada de ti mismo?

En ese marco, los objetivos en los que deberías enfocarte son:

1. Diseñar el espíritu y personalidad de esa persona que deseas ser.

2. Conseguir hablar con la seguridad y convicción con la que deseas.

3. Arrimarte a las personas importantes que te gustaría conocer para adquirir las vibraciones que te harán despegar y salir de la zona en que te encuentras.

Una vez que tienes claro quien quieres ser, puedes escribir en un libro de notas, todos los atributos que tiene esa nueva versión de ti. La mente inconsciente es muy literal a la hora de interpretar los mensajes que recibe del consciente, por lo que cada frase que escribas, será un trozo de algoritmo que insertarás en su programa de moldeo perceptual.

El siguiente paso, será comenzar a vibrar en resonancia con cada una de las afirmaciones o deseos que hayas incluido en el texto que escribiste. Tendrás que iniciar la confección del pensamiento de tu versión hiper mejorada y diseñar tu percepción de acuerdo a lo que estableciste en el libro de notas.

Por ejemplo, si quieres convertirte en un tipo respetado, debes adquirir la apariencia y el carácter del mismo, mediante la adoptación de hábitos que vayan en conjunción con ese tipo de personalidad. Lo dijo Aristóteles: "384 - 324 a.C – el pensamiento condiciona la acción; la acción determina el comportamiento; el comportamiento recurrente crea hábitos; el hábito estructura el carácter: la manera de pensar, ser y actuar del individuo. Y, el carácter marca el destino".

Lamentablemente, los hábitos que tenemos inculcados hoy, están más orientados a los medios que a los objetivos. Esto es un problema en sí mismo, ya que los hábitos que nos inculca la sociedad son materialistas y desarrollan el ego. El ego, por su parte, nos avoca a esta vida materialista, a vivir de placeres y estos al final nos pueden inducir al suicidio. En cambio, si nos hacemos de hábitos propios del espíritu: altruismo, empatía, bondad, amor, seremos libres y viviremos más felices.

Pues bien, una vez entendido lo anterior y suponiendo que quieras seguir adelante para conseguir los cánones de felicidad que la sociedad te plantea como objetivo, debes asimilar los conceptos que aquí te enseñaré y comenzar a entrenar tu inconsciente de forma comprometida para poder abrir el canal que te permitirá manifestar de forma consciente.

Si quieres una casa debes determinar, leyendo desde tu libro de notas, sus principales atributos, para así persuadir a tu inconsciente respecto de la consistencia de ese deseo.

Lo primero que deberás preguntarte es: ¿de qué tamaño es la casa que quiero?, ¿cuántos pisos tiene?, ¿de qué amplitud son sus ventanas?, ¿cuántas puertas tiene y de qué tamaño?, ¿cómo es su frontis y su patio? Cuando tengas listos esos detalles, comienza a vibrarlos en tiempo presente como si ya la tuvieras.

Ahora bien, piensa y concéntrate profundamente en: ¿qué harás ahora que tienes tu casa soñada?, ¿qué harás ahora que la tienes en tu poder? Es evidente que dejarás de desear esa casa. No estarás pensando en ella, porque ya la tienes. No estarás intentando encontrarla. No estarás preocupado de ver cómo adquirirla. Obvio que no, porque estarías viviendo tu vida en la sintonía de una persona que ya tiene esa casa. Como te dije, una parte del proceso es saber qué es lo que quieres y detallarlo de tal manera que tu mente consciente haga que el inconsciente lo asuma como una realidad.

Acto seguido, debes comportarte y sentir la situación en concordancia con la realidad que creaste en tu mente. ¿Cómo se comportaría, actuaría y percibiría la persona que ya tiene eso que tanto quieres? ¿Qué decisiones tomaría? Y, a partir de esas decisiones, que están conectadas en la frecuencia de esa persona que quieres ser, abandonas el ser que eres hoy, un tipo inseguro de mentalidad perdedora. Ahí es cuando empiezas a convertirte en esa persona nueva: empoderada, determinada y con una convicción que nunca antes tuviste. Empiezas a percibirte diferente, más seguro, sumergido en un mar de convicciones favorables.

En otras palabras, si varías tus pensamientos, también lo harán tus sentimientos. Si cambias los sentimientos lo harán tus acciones. El ejecutar una acción, por insignificante que esta sea, lo quieras o no, hará variar el maquillaje de tu destino. Esto significa que, acudiendo a un solo pensamiento distinto, puedes cambiar el aspecto de tu destino. Así como existe la posibilidad de que algo no funcione, también está la probabilidad de que salga como lo deseas.

Puede que encuentres al amor de tu vida y se enamoren y juntos vivan aventuras, tanto divertidas como apasionantes. Existe la posibilidad de que encuentres el empleo que tanto anhelas. Hay una posibilidad cierta de que te asciendan en el trabajo. En la mente de una persona que no utiliza "Maestría Cuántica", existen dos alternativas, una mala y otra buena. Pero, en la mente inconsciente de quien la tiene como herramienta y estilo de vida, sólo existe una, y es la buena, vale decir, la que le favorece.

Debes tener siempre en cuenta que: "donde sea que pongas tu foco energético, negativo o positivo es lo que crearás". Si centras tu energía en la posibilidad de que todo puede fallar (Ley de Murphy), lo más probable es que eso que quieres no se cumplirá. Esto, porque tu cuerpo energético asimila esas vibraciones y frecuencias negativas, creando en tu mente un pensamiento de inseguridad, incluso de tristeza.

Ese sentimiento negativo va a crear una acción en ti, que no proviene del amor o la seguridad, sino del miedo. Esta acción creará un destino de desconsuelo, soledad y victimización. Por el contrario, si te haces de un pensamiento positivo en el que las cosas te salen bien, crearás en tu mente inconsciente un nuevo sentimiento de felicidad que te permitirá concebir desde la determinación, convicción y seguridad. Ese sentimiento te inducirá a una acción real de un nuevo y satisfactorio aspecto de tu destino.

Para comenzar a variar positivamente las condiciones de tu existencia, deberás reemplazar muchos de tus pensamientos actuales. Lo que piensas y crees como algo cierto, son el fiel reflejo de tu realidad perceptual. Lo crees lo creas. Son tus convicciones las que limitan o expanden tus niveles de lo que entiendes como una verdad irrefutable. Eres lo que tus creencias permiten que seas. Mientras más estrechas sean tus creencias, más limitaciones te infringes a ti mismo, privándote de la vida abundante que crees merecer.

Por eso, deshacerse de esas creencias reductivas es una de las primeras tareas que deberás abordar, a través del uso de técnicas de reprogramación mental. No es una tarea sencilla, reconozcámoslo, pero es posible, en la medida que reconozcas y dejes atrás tus principales miedos. El primero de ellos, suele ser el miedo a la muerte. Perder el pánico a la muerte, no es algo imposible, lo logras cuando tomas consciencia de que en cualquier momento puedes abandonar este mundo. Puede ocurrir hoy en la noche, mañana o dentro de un mes, nadie lo puede saber.

Ignorar la fecha de tu muerte hace que puedas vivir la vida de manera relajada o divertida, ajeno al estrés del conocimiento y el saber. Puedes crear y disfrutar sabiendo que lo único que tienes seguro es que en algún momento tu existencia culminará. Por lo que, a fin de cuentas, la muerte no tiene un valor como el que a menudo le das. Eso, desde la perspectiva terrenal. Si lo observamos desde la óptica espiritual, menos valor debemos darle, ya que, en ese ámbito, se entiende que la muerte es una transición hacia un estado de consciencia superior.

En definitiva, no tiene ningún sentido que te tomes demasiado en serio, algunos aspectos de la vida terrenal, cuando a aquellos que verdaderamente importan, les estás dando muy poca severidad.

Es muy frecuente que te afecten en exceso problemas

inexistentes, situaciones que al final, en un 95%, nunca suceden ("Sufrimos más en nuestra imaginación que en la realidad", decía el filósofo Seneca). Algunas de ellas tarde o temprano se van a acabar, porque son experiencias pasajeras o volátiles. Por eso, pon foco, intención, atención y energía en eso que te apasiona y en lo que te hace vibrar en alta frecuencia.

Tus miedos son injustificados, pero entendibles, porque dentro de tus preceptos mentales, está la doctrina del sistema creado por esta sociedad, que te enseña que: "para conseguir cosas hay que hacer algo importante para merecerlas".

Te voy a contar cómo lo hice para romper las cadenas que me ataban al sistema de una forma agobiante y abrumadora, una que me llevó al colapso y por poco a la muerte.

En 2005 me sumí en una peligrosa depresión de la que creí nunca iba poder escapar. Los efectos de la enfermedad fueron tan graves y devastadores que tuve que ser internado en un centro de rehabilitación. Durante aquel periodo me sucedieron situaciones increíbles, las que relato en detalle en mi libro: "Treinta grados – Portal al más allá". Aquellas alucinantes y asombrosas experiencias hasta hoy me resultan muy difíciles de explicar, tanto que, todavía me cuesta trabajo describirlas sin cuestionar a mi mente. Habría pensado que me estaba volviendo loco, de no haber sido porque tuve testigos.

Los incontables e indescriptibles eventos me obligaron a buscar respuestas, pues siempre he sido de la idea de que jamás hay que quedarse tranquilo con lo que nos cuentan, o lo que la mente nos dicta. Siempre es mejor investigar hasta conseguir una réplica consistente que nos deje en paz el alma.

Por mucho tiempo, en mi afán científico, recorrí varios lugares donde me entrevisté con gente experta en lo paranormal. De pronto, inmerso en esa incansable búsqueda, me embargó un gran golpe de suerte. Me encontré con un maestro en neurociencia, una rama que se dedica a indagar los aspectos del sistema nervioso central y su incidencia en la regulación de las emociones, pensamientos, conductas y funciones corporales básicas, así como la respiración y la persistencia de la función cardiaca. El maestro me enseñó algunas técnicas de meditación y autosanación, las que con esmero fui practicando en el tiempo, hasta conseguir dominarlas.

Después de haber entrenado la mente, su manejo y control por varios años, comprobando la eficacia de los algoritmos adoptados, comencé a recurrir a las metodologías científicas aprendidas durante mi formación profesional. Así, mezclando aspectos de las "técnicas de manifestación" asimiladas y mis descubrimientos particulares en la disciplina, ideé algunos esquemas de trabajo que me permitieron perfeccionar el sistema, expandiendo con ello, su inmenso alcance y poder, gracias al que obtuve como resultado, una mayor precisión y eficacia en el moldeo de mi realidad perceptual.

Todo comenzó cuando, sumergido en mi profunda depresión, los doctores me recomendaron escribir en una libreta lo que mi mente me dictara. "Es una forma de botar y expresar esos sentimientos negativos que has retenido por tanto tiempo y que han derivado en tu decaimiento y posterior colapso".

Aquella sugerencia fue clave para el derrame de cada una de las ideas errantes que rondaban hace bastante tiempo en mi mente. Fue el primer impulso para animarme a escribir, en un libro de notas, mis más ocultos pensamientos y también mis profundos deseos.

De un momento a otro, me di cuenta que no solo sentía la necesidad de plasmar mis emociones más abrumantes, sino que las cosas que quería que me sucedieran en el transcurso del día. Mientras escribía, estandarizaba mi forma de hacerlo, hasta que aquella práctica se me convirtió en un hábito. Comencé a hacerlo durante las mañanas y también por algunas noches. Contemplaba mis emociones y mis pensamientos de una manera crítica y reflexiva. Me enfocaba en erradicar aquellos pensamientos negativos, reemplazándolos por otros beneficiosos. Me imaginaba ejecutando acciones nuevas que me llevarían hacia un destino renovado y satisfactorio, en el que mi depresión ya fuera parte del pasado.

Dentro de mi reflexión, aplicando la "circulación energética", me preguntaba acerca de la real importancia del proceso de la muerte y el miedo, como sentimientos inherentes a mi vida. Desde aquel pensamiento, brotaron mis cuestionamientos más descarnados. Entonces, entendí muchas cosas relacionadas con mi forma de enfrentar las situaciones existenciales, como, por ejemplo, los efectos que causaban los juicios que la sociedad descargaba sobre mi persona.

¿Cuánto valor le darías a lo que el resto opine de ti, si tuvieras la certeza de que mañana culmina tu vida? ¿Qué precio tendría para ti hablarle hoy a esa persona que te quita el sueño, si supieras que mañana tu vida en este mundo se termina? ¿Tendría sentido embarcarse en un negocio o, tal vez, adherir a tu pasión si supieras que mañana tu existencia en esta dimensión expira?

Crear y diseñar, ignorando la fecha de caducidad de tu existencia, es una de las gracias fundamentales de la vida. Por eso, vale la pena seguir haciendo lo que te apasiona, vivir lo que quieres vivir y de la forma que te gusta, porque no tienes noción acerca de cuánto tiempo perdurará tu existencia en este plano.

El primer paso que di, fue aceptarme con ahínco. Decidí comunicarme con mi interior y buscar en él, las cosas que me hacían sentir bien. Rompí los diques que contenían el mar de mis emociones, así como los que conservaban mis añosas restricciones mentales. Dejé de preocuparme por el qué dirán. Caí en cuenta que, aquello que los demás esperaban de mí, no era lo que me hacía realmente feliz. Es más, dentro de todo, había gente a la que admiraba. Pero, para ellos, yo no era más que un simple ser como muchos. "Preocúpate por lo que piensan los demás y siempre serás su prisionero", decía Lao Tzu.

Sin tener consciencia del valor que mi ser tenía, actuaba para que otros se beneficiaran de mis aciertos y aptitudes. Libré sendas batallas que en realidad no tenían nada que ver conmigo ni con mis objetivos. Renuncié muchas veces a mi esencia, por querer salvar a otros, dejando en el olvido la versión más auténtica de mí mismo. No me daba cuenta que, dentro de mí, había un ser mucho más poderoso del que pensé haberme convertido, gracias a las enseñanzas restrictivas y estándares del sistema. Se trataba de uno mucho más valioso que aquel que se había diseñado basado en las creencias inculcadas por la sociedad en la que me desenvolvía. Uno que podía aportar una cuota de valor, bastante más allá de la simple creación de programas computacionales o de la dirección de alguna empresa de tecnología. No, lo mío tenía que ver con algo más allá de lo superficial.

Probablemente, muchas veces has sentido que no estás haciendo lo que amas, por ese mismo motivo, no consigues amarte a ti mismo. Es decir, no estás haciendo lo que en verdad te haría feliz. En cambio, te has conformado, porque muchos te dijeron: "ámate a ti mismo como eres". Si no te amas tal y como eres y deseas cambiar ese sentimiento desagradable, crea en tu mente esa versión renovada y superior de ti mismo. Esa que deseas ser y que te parece imposible de lograr. Ponte el traje mental de esa nueva versión y una vez que creas haberte vestido con ella, comienza a tomar acción en sintonía con ese sujeto que quieres llegar a ser.

Busca en el profundo ser de tu alma y comienza a acumular amor propio. Si de verdad quieres elevar tu autoestima, debes caminar con decisión hacia ello. Si estás convencido de querer encontrar ese amor propio y profundo, tienes que concretar lo que dices que vas a hacer. Esto, no sólo por un asunto de determinación o disciplina, solo por hacer, por esa mentalidad canibalesca de que: "hay que hacer, hacer y hacer", porque la sociedad te lo demanda. Un pensamiento así solo te traerá un vacío interno. Ser por ser en el exterior y empujar la materia por inercia, se traduce en nada sustancioso, porque después de todo somos solo energía.

La clave está en entender que lo primero que debes hacer, es cambiar los pensamientos y emociones, para recién después comenzar a aplicar los métodos que te harán manifestar con éxito tus anhelos. Pero, no deberás iniciar la construcción desde afuera, pues allá podemos cambiar todo.

En todo orden de cosas, para realizar un cambio importante

y profundo se debe comenzar desde adentro. Si, porque, en este caso, lo que en verdad está averiado es tu interior, debido a la programación y a la doctrina que tienes en tu inconsciente, es ese algoritmo inserto en tu cabeza, el que te dice que estás destinado para algo. Estás programado por un sistema que te enseñó a trabajar para consumir, una vez que consumes, te gastas el dinero y tienes que volver a trabajar para mantener con vida ese enfermizo círculo vicioso que no has elegido por voluntad propia. Esa es la rutina de la que debes ausentarte, levantar la cabeza para ver qué hay más allá de lo que has conocido hasta ahora.

Debes salir del sistema, elevándote para comenzar a crear tu realidad. Llegará el momento en que podrás adecuarla, entrenando tu inconsciente para después hacerlo conscientemente. Algunos lo consiguen escribiendo sus deseos en un libro de notas, otros grabando con voz y escuchando durante el día, los objetivos que desean alcanzar en su vida. Aunque es una buena práctica, para muchos su uso no es una garantía de éxito para conseguir sus anhelos. Esto, porque suele fallarles su convicción y, entonces, no reciben lo que piden, o si lo hacen, no lo logran con persistencia en el tiempo, sino de forma ocasional y fortuita.

Para resolver lo anterior, debes aplicar algún método que te faculte de forjar tu realidad de forma consciente, visualizando quien quieres ser, a través de sensaciones auto programadas. Estas te harán navegar en un hondo sentimiento de haber cumplido tus anhelos. Entonces, comenzarás a actuar en sintonía con esos sueños y dejarás de querer ser quien querías ser, comenzando a ser tú mismo. Es como lo que ocurre en el método de invertir el polo de tu consciencia, en el ejercicio del "lanzamiento de la moneda al aire", descrito en el capítulo: "diagnóstico de intuición", donde engañamos al inconsciente.

Con la aplicación de la técnica de auto programación, no buscarás ser ese cúmulo de ideas de un concepto que se te inculcó, reprimiendo inconscientemente a tu verdadero ser. No, porque encontrarás esa versión más nítida de ti, esa que es dueña de tu grandeza, la que contiene éxito auténtico. Solo entonces encontrarás la presencia de quién eres realmente, de lo que te mueve, porque no existe nada más que eso.

En el proceso jamás te compares ni compitas con nadie. Tú eres único, así como también lo es tu experiencia. Tu alma es exclusiva, una esencia irrepetible. A eso viniste, a encontrar esa autenticidad, no para ser como nadie más, no para encajar, sino para expandir tu eterna consciencia y hacer lo que te apasiona.

Entonces, pregúntate: ¿hoy estás haciendo lo que haces por ti, o en realidad lo haces solo para ser aceptado en esta sociedad o, tal vez, por alguien más?

CAPÍTULO IX: MANIFESTACIÓN CONSCIENTE: ESPIRITUAL

Dentro de las ansias por cambiar tu realidad existen variados motivos. Algunos de ellos, pueden ser porque estás experimentando dolor, tristeza, incertidumbre y te preguntas: ¿por qué esto me sucede a mí? ¿por qué soy yo el elegido para vivir este suceso? ¿por qué soy yo quien tiene que atravesar por esto? Las respuestas a esas interrogantes apuntan a dos simples conceptos, dentro de los cuáles debes decidir, por cuál de ellos deseas mirar las cosas o acontecimientos, aspecto:

1. Terrenal.

2. Espiritual.

Cuando eras espíritu firmaste un contrato sagrado en el que estuviste de acuerdo en venir a vivir las experiencias que estás experimentando. Tienes la posibilidad de modificar el maquillaje del contrato, o si estás cansado, solicitar un instante de descanso. Pero lo que no podrás hacer, es desentenderte de lo que tú mismo firmaste. Cuando entiendas eso, aceptarás que tu trayecto se debe desarrollar así y perderás una parte importante de tu miedo a la muerte.

Una de las sugerencias que te servirá para abstraer tu mente de los superficiales problemas terrenales y, por tanto, aliviar tu pesar, es comprender que al ser energía eres eterno y entonces la muerte es solo un cambio de estado de tu consciencia.

Con todo, gracias al libre albedrío, puedes venir y cambiar las reglas secundarias del juego –el maquillaje del trayecto–, mediante "Maestría Cuántica". Pero, debes tener en cuenta que, para cumplir con tu propio compromiso espiritual, tendrás que hacerlo en esta vida, o bien, en las sucesivas. Así que, podrás pedir todo y se te cumplirá, pero tu parte del trato, te la cobrarás tú mismo cuando regreses al mundo de los espíritus.

Si analizas, tu miedo a la muerte tiene que ver, más bien, con el dolor que esta provoca cuando estás sujeto a los apegos terrenales: dejar atrás a los amigos, tu familia, seres queridos o mascota. Ten presente que el único que tolera el dolor es quien después puede disfrutar del valor que este le trajo. Puede que te cueste asimilar el concepto, pero: **"el dolor siempre equivale a crecimiento"**. Por eso, es una buena idea que comiences a utilizar el dolor que estás sintiendo, como la fuerza que te va a encumbrar y llevar más lejos de lo que tú mismo siquiera imaginas. Utiliza el dolor como el crecimiento hacia donde quieres llegar.

Si usas el dolor a tu favor, en cierto modo, estarás emulando la técnica a la que acuden los luchadores de Yudo, quienes ocupan la fuerza de sus adversarios en beneficio propio. Por eso, cuando redefines la energía del dolor y lo usas a tu favor, te conviertes en el arquitecto de tu propia realidad. Los escenarios negativos te ignorarán, te sentirás como un artesano de arcilla, definiendo la arquitectura de tu realidad perceptual de manera consciente.

Como lo dije anteriormente: **"antes de pretender manifestar lo que crees que te traerá felicidad, piénsalo bien"**. Pues, debo advertirte que, conseguir "éxito": casas, automóviles o cualquier aspiración material que sueñes, no te traerá por defecto lo que te han enseñado como concepto de felicidad.

Si, porque si tuviéramos que definir la felicidad de una forma más o menos objetiva, esta posee dos componentes esenciales que son, paz y libertad. Así, por ejemplo, la frase: "quiero dejar de ser pobre y tener todo lo material que desee, ya que eso me traerá paz y libertad", podría contraponerse con el objetivo genuino de conseguir la verdadera felicidad.

Debes comprender que dicha premisa funciona a la inversa, pues esa libertad no llega a ti cuando obtienes el éxito material. Primero debes experimentar esa libertad en tu ser, luego derivar en las acciones que vayan en sintonía con tus deseos desde el sentimiento de libertad y de paz. Recién entonces, al hacerte de esa consistente sintonía, te traerá como recompensa o consecuencia, el éxito material que tanto anhelas en tu vida.

Una vez que te mentalices para conseguir paz y libertad, podrás recurrir al ejercicio de visualización con el que comenzarás a ser conducido hacia una versión de ti, en la que ya hayas logrado todo a lo que aspirabas. En seguida, transcurridos un par de días, serás testigo de las coincidencias que se van a presentar frente a ti, mostrándote el resultado y las evidencias de tu enorme poder. Comprobarás el potencial ilimitado que reside en ti: paz, serenidad y seguridad.

Debes considerar que, para poder manifestar, ya sea, consciente o inconscientemente, primero tienes que llegar a un instante en el que tu mente se olvida del exterior, encerrándose en una especie de habitación blanca como la nieve, sin formas ni relieves y en donde estás solo tú con tu "yo interior" –recuerda la técnica de "circulación energética"–. Así se siente cuando entras de forma exitosa en el proceso previo a la visualización. Vale decir, justo antes del inicio de tu creación de lo que sea que quieras visualizar, entras en la habitación blanca, donde te conviertes en consciencia, haciendo desaparecer tu aspecto físico y tu percepción de existencia material.

Te conectas con una energía más allá del entendimiento humano común. Uno que conecta mucho más contigo que con cualquier otro ser. El algoritmo consiste en aplicar respiraciones profundas y sistemáticas que permiten contemplar y sentir el proceso respiratorio como un todo. Esto te facultará a retomar la paz, ya que, en ese instante, tu cuerpo no distingue entre lo que es real y lo que está en el interior de tu mente.

Por ejemplo, puedes encontrarte en una situación de estrés o angustia, en la que, guardando las proporciones, la sensación de tu cuerpo es la misma que viviste alguna vez, cuando soñaste que un animal feroz te perseguía. Entonces, en el sueño, tu cuerpo reacciona igual como si el animal te persiguiera en la realidad. Tus músculos se tensionan, comienzas a sudar. O sea, todo evento depende de la información que tu mente, consciente o inconsciente, le proporcione a tu cuerpo.

Si tu cuerpo tiene miedo va a comenzar a requerir más oxígeno y hará que intensifiques la respiración, regresando a un estado de supervivencia en el que tu cuerpo intentará salvar su vida.

El miedo proviene de situaciones en las que la supervivencia se ve comprometida. Sabemos que los problemas de la cotidianidad, en su mayoría, no ponen en riesgo tu supervivencia, por lo que, en este ejercicio particular, la tarea es engañar a tu mente.

Si el miedo puede hacer que respires más intensamente, entonces, con mayor razón al respirar de manera consciente y controlada, con tranquilidad, puedes conectar con tu cerebro y a través de tu cuerpo, comunicarle a tu mente para informarle de que todo está en orden y en paz. Esto, gracias a la ejecución de este mismo proceso de definición mental y respiratorio, aplicado en modo inverso. Así, observando y manteniendo la atención en tu respiración regresarás a la paz.

Después de unas cuantas respiraciones profundas, consciente de tu presencia plena, a la cual puedes llegar en cinco minutos de respiración profunda, en cualquier situación negativa que estés pasando en ese preciso instante, intenta experimentar deshacerte de la percepción de tu cuerpo material y transformarte en respiración. Al unísono, como si fueras un procesador multitarea, mantén el foco en el punto central de tu cerebro, observa tu consciencia en medio de un presente infinito. Allí, donde las posibilidades son incontables, un presente en el que lo negativo que piensas quedará atrás y en el que todo lo positivo que te podría pasar es en verdad posible.

Ahora, imagina, por ejemplo, que tienes un recipiente casi rebalsado de agua turbia, conteniendo todo aquello que te provoca estrés o ansiedad. Tienes consciencia de que tienes el control absoluto sobre ese tiesto. Por lo tanto, para deshacerte de los problemas, solo debes vaciarlo y cambiar el agua, remplazándola por una nueva y cristalina.

Una vez que estás convertido en consciencia y has dejado atrás tu cuerpo material, erradica la persona que crees ser, ingresa en este presente de infinitas posibilidades y elige la plantilla de persona que quieres ser, resaltando sus principales atributos positivos.

En el caso del miedo, principal gas paralizante, es una opción que elige tu mente —siempre la trampa está en engañar a tu mente—. Puedes elegir no sentir miedo y, en contrapartida, redefinirlo para utilizarlo a tu favor. Existe un sinfín de miedos, pero cada uno de ellos tiene su raíz u origen. Como dije antes, el miedo más marcado, es el miedo a la muerte. Puede que tengas miedo a perderlo todo, a no ser suficiente, a nunca más ver a las personas que amas. O quizá, a no ser la mejor versión de ti mismo en circunstancias adversas. Lo que no sabes, es que tienes el control absoluto para reinventar tu desagradable sensación de miedo y aprovechar esa poderosa energía.

El miedo puede coartar tu legítima posibilidad de hacer las cosas que te apasionan. Por eso, es muy importante tomar la decisión consciente y determinada de dedicar tu vida a lo que te apasiona. Pero, ¿quién lo va a hacer por ti, más que tú mismo? ¿Por qué sigues pidiendo a la vida: más dinero, más trabajo, más amigos, el amor de tu vida? ¿Cómo vas a conseguir cada uno de tus anhelos, si no estás explotando tu verdadero ser?

Debes comenzar a utilizar el miedo a tu favor. Es uno de los puntos centrales con el que podrás acertar en el objetivo deseado. Toma el control específico de tu vida, diseñando y desarrollando cada detalle de ella. Debes identificar ese potencial que tienes y creer lo suficiente en ti, como para que otras personas comiencen también a darte el crédito que mereces.

Harás una pequeña transformación en tu vida que puede tener grandes impactos, destruyendo tres creencias reductivas, incluso si sientes que te hace falta disciplina, si no tienes la determinación necesaria, o si el miedo es capaz de congelarte al punto de no dejar que actúes.

También estuve en tu condición, así que sé lo que se siente. Afortunadamente, gracias a la "Maestría Cuántica" superé, no solo mis eternos miedos e inseguridades, sino lo más flagelante, mi depresión severa.

¿Cómo lo conseguí? Una de las primeras ocasiones en que me di cuenta de que podía ganarle a mis estrechas creencias reductivas, fue cuando me deshice de una de las más comunes, aquella que habla respecto de que la vida depende de un destino. Si, el destino existe, es real, pero no subyace a la condición material de la persona. Esto significa, por ejemplo, que, aun siendo pobres, podemos convertirnos en ricos de la noche a la mañana. Sin embargo, la esencia de nuestro destino, seguirá siendo la misma hasta el final de nuestro camino terrenal.

En otras palabras, si nuestro destino dice que moriremos en un accidente automovilístico, lo haremos en un Ferrari o en una carreta de mulas, alcanzada por un camión. Como dije antes, el resto del paisaje que adorna nuestra vida, solo es un maquillaje material del trayecto.

Cuando manifestamos algo importante para nosotros y se nos cumple, lo único que estamos haciendo, es distorsionar el maquillaje del destino. Pero, en estricto rigor, este jamás se verá alterado en su ruta original trazada. El sistema solo puede controlar el maquillaje y programarlo a través de nuestras mentes conscientes o inconscientes, mas no tiene modo de intervenir ni menos de cambiar el destino en su más profunda esencia.

Otra de las creencias que suele mantenerte en escasez, impidiéndote acelerar la concreción de tu manifestación y, en contrapartida, llevarte a la vida abundante que deseas, es esa de: "la única forma de progresar es trabajando duro". Si el trabajo férreo y agobiante fuera lo que te genera abundancia, ¿por qué un trabajador que se levanta a las 4 de la mañana para ir a construir, mover cargamento pesado durante 14 o 16 horas al día, asoleándose y sufriendo desgaste, no dispone de un Maserati? ¿Por qué ese trabajador no está ganando millones y en cambio existen otros que con poco esfuerzo generan en un día 100 veces más que él en un mes?

Es porque la abundancia material no se produce como te enseñaron. En el mundo intelectual existe claridad de que los colegios de clases sociales medias y bajas, se inventaron para forjar empleados, no empresarios ni líderes, ni menos creadores.

El sistema fue creado por personas que no son más inteligentes que tú, ellos son humanos iguales a ti. La diferencia fue que ellos se educaron en colegios que tú no, les enseñaron cosas que a ti no. Secretos que, gracias a la evolución tecnológica fue posible democratizar un poco, pero nada más.

Ahora estamos en condiciones de superar las limitaciones y comenzar a crear nuestras realidades con el simple propósito de disfrutar. Si, porque no necesariamente debe haber una meta altruista, o que te ofrezca la posibilidad dejar de sufrir para sentirte con la potestad de manifestar.

Por el simple hecho de evitar un eventual juicio social, estás acostumbrado a sentir remordimiento cuando quieres abundancia solo por querer disfrutar. Estás tan programado por la escasez y el sufrimiento, que la sola idea de pensar en crear por disfrute te asusta.

Hacerte de ese inmenso poder, que te permite crear por miedo, por un asunto de supervivencia, suele ser una cumbre empinada muy difícil de escalar. Más todavía, si decides redireccionar ese poder hacia uno que te faculte a manifestar por amor y goce, con el fiel objetivo de transformar tu vida.

En pocas palabras, convertir esa poderosa energía paralizante en realidades beneficiosas, es un verdadero desafío que pocos superan. No por incapacidad neuronal o espiritual, sino porque renuncian antes de siquiera intentarlo. Esto, dado que, tu inconsciente ofrece tenaz resistencia al cambio, provocándote una implacable negación, la que trae como resultado, la represión de ese inconmensurable poder que tienes en tu interior.

¿Cómo te sentirías comenzando a crear por placer? ¿Cómo te percibirías levantándote por la mañana, emocionado para crear o vivir y experimentar la vida con la que siempre has soñado? ¿Qué te parecería ir a dormir sabiendo que estás agradecido con la vida que creaste y emocionado por comenzar un día más, sintiendo que te falta tiempo para disfrutar todo lo que ya tienes?

Si quieres comenzar a crear desde el placer y generar el valor desde la perspectiva de la calidad y no de la cantidad, entonces sí, hay un camino que se debe tomar antes de la reprogramación mental para crear desde ese agrado verdadero.

Lamentablemente, existen personas que están invirtiendo tiempo en métodos de manifestación con afirmaciones inútiles, que no les entregan ningún resultado. Por ejemplo, si repites persistentemente: "soy un magnate, soy magnate, soy magnate", pero tu cuerpo no percibe ni vive la paz que realmente estás buscando detrás de ser un magante, estás errando el camino, porque el mensaje que transmite tu energía, es la idea de que no eres magnate, pese a que parece que estás pensando en que en verdad lo eres.

En cambio, los pensamientos que probablemente deberías tener son: "soy capaz, soy suficiente para crear, creo desde el agrado", y repetirte a ti mismo que realmente eres merecedor. No solo magnate, sino merecedor de la paz que tanto estás anhelando. Cuando tu mente entiende que eres digno de esa paz y lo percibe con convicción de manera corpórea; entonces, sobra la creación, inspiración y sobra la acción que puedas tomar en sintonía con tus deseos.

Para manifestar con soltura y convicción, debes tener una nitidez muy profunda, respecto de qué quieres hacer, cuál es el camino que deseas tomar. Si no sabes ni siquiera qué pasos abordar en sintonía con tus deseos, es porque no has ocupado el tiempo suficiente en reflexionar acerca de qué quieres, a donde quieres llegar, o por qué lo estás haciendo.

El principal obstáculo al que se ve enfrentada la concreción exitosa de los anhelos, es la incapacidad de reprogramar tu mente.

Aclarar tu visión, alinear tus emociones y tomar acción consistente sobre ellas y esa visión, nos lleva a la tercera creencia reductiva. Una más de las tantas que te está restringiendo y privando de la vida que sabes que mereces. Esta creencia es: "me es imposible cambiar". Más allá de una creencia, es un hábito, porque vives a través de esta restricción y actúas en consecuencia, convencido de que no puedes cambiar y te da miedo, incluso, poner el foco de la consciencia en este pensamiento.

Debes tomar el control de esos pensamientos taxativos que, de seguro, no sabías de sus existencias, porque, al igual que un algoritmo computacional, están corriendo en modo automático en tu inconsciente. Como consecuencia, te están haciendo vivir una vida con eventos aleatorios, sin tú poder elegir lo que deseas vivir.

Te parece coincidencia, suerte o casualidad eso de que las personas más exitosas del mundo, que están generando enormes riquezas, éxito emocional, cumpliendo sus metas, digan lo mismo: "sigue tus sueños". Se lee bien, pero no solo hay que adherir a él con la mente, sino, tener la intención y hacerlo. O sea, tomar cartas en el asunto. Por cierto, siempre va a ser más eficaz tomar acción en sintonía con tus objetivos. No sólo por llegar a ellos, sino porque la acción es disfrutable, ahí es donde encuentras el manoseado dicho: "disfruta el proceso".

Hoy me encuentro en un instante de mi vida, donde hago lo que se me antoja, disfruto lo que quiero y es genial. A estas alturas, ya ni necesidad tengo de manifestar, sino cuando se requiere hacerlo por diversión, amor o por placeres simples; no por un sentimiento de ambición o sensación de escasez. Cuando llega el momento en que quiero crear algo, los resultados que obtengo son increíbles y rápidos, porque para mí hoy resulta algo natural.

Si en el proceso de manifestación, la disciplina y la determinación no surtió efecto para ti, es porque no tenías la programación mental adecuada para realizar los pasos necesarios. Debes recordar que esto es un sentimiento mental, corpóreo y ejecutivo.

Para dar los primeros pasos que te permitirán habilitar la configuración integral de manifestación, ponte en un escenario donde te harás las siguientes preguntas: ¿qué sucedería si te hablara tu mejor versión del futuro?, ¿cómo te sentirías si pudieras crear un canal de comunicación con una versión futurista de ti? Pero no cualquier versión, una que superó sus miedos, el auto boicot y encontró su orgullo. Ese tú del futuro que ya no sabe de emociones negativas, alguien que dejó de recalentar su cabeza con pensamientos recurrentes y bloqueantes, tales como: "no puedo, no me alcanza, no soy suficiente". Si, un tú del futuro que, aunque estaba inmerso en sus miedos, los superó y su determinación fue más fuerte, tanto que triunfó con hidalguía.

Es probable que haya muchas cosas sucediendo a tu alrededor, situaciones que pueden estar abrumándote, causándote: impotencia, miedo, ansiedad, tristeza y, tal vez te hagan sentir muy solo, triste y desmotivado. Quizá hasta hayas recurrido a la meditación, o a agentes espirituales sin obtener el más mínimo resultado.

Probablemente, hayas estudiado con tesón alguna rama de la metafísica y pedido respuestas al universo. Pero percibes que nada te está ayudando, te sientes vacío, sin ninguna esperanza. Sientes que un dolor interno se ha apoderado de tu cuerpo, materializado en enfermedades extrañas y rebeldes.

A lo mejor aún no tocas fondo. Pero, si hay algo que debes aprender, es pedir ayuda a tiempo, antes de que sea demasiado tarde. Este libro también pretende instruirte para revertir tu deplorable condición anímica y física.

Antes de enseñarte mi técnica, descrita en los capítulos venideros, te enseñaré las más simple de todas. Consiste en un manual de corta palos para que lo utilices en caso de emergencia.

Como ya vimos anteriormente, el escribir te ayudará a exteriorizar tus sentimientos y emociones, lo que significará una descarga importante para tu consciencia, por tanto, una baja de tu nivel de estrés y ansiedad.

1. Escribe en tu libro de notas y de forma detallada, lo que quieres crear en tu vida, por ejemplo, ¿cómo sería tu día ideal?

2. Después, grábate leyendo lo que escribiste y pon una música relajante de fondo.

3. Escucha la grabación todos los días, justo antes de dormir y por la mañana en cuanto despiertes. Recuerda que son esos instantes donde tu inconsciente está más receptivo.

Adicionalmente, dentro de tus posibilidades, harás una meditación diaria de "circulación energética", con el propósito de controlar tus pensamientos negativos. Deberás poner mucho énfasis en la respiración, poner atención a tus emociones diarias. Esto, porque todos los pensamientos, de la magnitud y tipo que sean, cambian nuestra realidad en todo momento.

El audio de tu voz hablándote como si fueras una versión mejorada de ti mismo en el futuro, será una herramienta muy fácil y poderosa, incluso más que la misma meditación. Verás como esa versión de ti mismo, que ya ha logrado superar todos los obstáculos de tu presente, te guiará el inconsciente, recordándote cuál es la vida que mereces, pues tarde o temprano, conectarás con esa versión de ti y, de a poco, la "Maestría Cuántica" comenzará hacerse presente en tu vida.

Sentirás como si una súper versión de ti del futuro, te estuviera contando cómo es esa vida en la que ya lo has logrado todo, en la que has superado tus problemas y principales miedos. Entenderás que tu inconsciente no sabe de palabras, sino de sensaciones y sentimientos, esa es la clave de todo.

Es muy sencillo acercar a tu presente el sentimiento que crees que te va a traer, el hecho de haber alcanzado ese objetivo que deseabas conseguir, superando el miedo que percibías y trayendo al presente ese agradable sentimiento de éxito. Cuando logres sentir eso, en tu vida comenzarán a suceder cosas increíbles e inexplicables. Perderás el miedo a todo lo que antes te impedía avanzar. Al recurrir a esta sencilla pero eficaz herramienta, podrás conectar con la energía de creer que tus deseos son perfectamente factibles.

El solo hecho de crear esa posibilidad y recordártelo a diario, cambiará tus decisiones, comportamientos, estado anímico y crearás la posibilidad de sanar tu interior. Existen muchas personas en el mundo que lo hacen y los resultados son de no creer.

Con este mecanismo, te sentirás diferente y en paz. Algunos aseguran que les resultó mejor que la meditación. Escuchar el audio de tu versión futura mientras viajas en el autobús, caminas u ordenas tu habitación, te invitará a sentir emociones que probablemente no has sentido antes. Te ayudará a superar tus barreras, haciendo realidad tus anhelos.

CAPÍTULO X: MANIFESTACIÓN CONSCIENTE: PASOS Y FÓRMULA

Manifestar abundancia no necesariamente se debe asociar al dinero. El dinero es solo una herramienta energética. Si estás pidiendo dinero al universo y este no es más que una simple herramienta, entonces, es como si pidieras un destornillador. Este artefacto es un simple utensilio, "quiero destornillador y tornillos". El destornillador y el tornillo son una herramienta para unir, crear o armar algo. La herramienta en sí misma no entrega felicidad, sólo nos enseña el sendero. Únicamente, te va a ayudar a crear la experiencia, el sentimiento profundo que quieres experimentar en tu vida.

Evita manifestar dinero, ¿para qué quieres más dinero? Si, lo podrás manifestar, existen personas que lo escriben y manifiestan en cantidades muy específicas. Sin embargo, al poco andar se dan cuenta de que, a pesar de que les llega esa cantidad, no les trae ninguna paz ni menos felicidad. Seguramente, al principio estarás agradecido, pero después tu preocupación será: "¿cómo haré para no perder este dinero?, ¿qué hago con este dinero? Si lo guardo en casa se devaluará, entonces, lo tengo que invertir para que genere más utilidades".

De ahí derivará el segundo pensamiento: "quiero más, si ya creé esta cantidad, quiero más". Querrás generar cinco mil dólares al mes; cuando ya los hayas generado, vas a querer diez mil y cuando consigas estos, querrás veinticinco mil. Así es como funciona nuestra mente ambiciosa. Es el comportamiento de nuestra esencia avarienta, siempre queremos crear más.

Lo ingrato es que, mientras más dinero se posee, más estrés provoca la sola idea de perderlo en una mala maniobra financiera. Pero, podemos hacerlo de forma inteligente, observando y regresando a la conciencia para comprender que no es el dinero lo que queremos atraer a nuestra vida, sino ciertas experiencias y sentimientos. Por ejemplo, ¿qué comprarías con ese dinero? ¿qué experiencia agradable crearías con él? Cuando tengas las respuestas a estas preguntas y los planos de la casa que quieres construir, entonces tu inconsciente proveerá las herramientas para levantar tu casa. No funciona a la inversa, no es: "quiero herramientas", porque después estas llegan, pero es seguro que no sabrás qué hacer con ellas. Por eso, debes focalizarte en el todo, en aquello que significa el deseo en su conjunto, pero a la vez, en lo que describe el detalle de sus atributos.

Al acto de cambiar la realidad lo llaman de varias maneras: "cambiar tu realidad consciente", "crear realidad, manifestar", "ley de la atracción", etc. Sin embargo, la gran mayoría de las personas desconoce acerca de lo que están hablando y jamás se han sometido a un entrenamiento serio. Por lo mismo, no son capaces de estructurar los pasos exactos del algoritmo de manifestación efectiva.

En el caso de la "manifestación consciente", son tres puntos esenciales los que deberás considerar para que te resulte:

1. Nitidez.

2. Consistencia.

3. Ejecución.

Paso 1. Nitidez: debes establecer lo que quieres, acudiendo a una nitidez franca y precisa. Y es que muchas personas ni siquiera se lo cuestionan. Es probable que estés en un momento en que te sientas pésimo y ni siquiera sepas por qué te sientes así. Y, tal vez, sea porque no sabes qué quieres, o porque crees que quieres algo, pero no sabes qué es.

Abstráete y hazte de voluntad propia, comenzando a tomar el control de tu conciencia, definiendo los deseos que tienes y qué te está limitando a conseguirlos. Escribe esos deseos y tus aparentes obstáculos en tu libro de notas. Describe la vida que quieres vivir, las personas con las que quieres relacionarte, con quién quieres trabajar, la casa que quieres tener, etc.

Más allá del dinero, escribe qué quieres sentir, experimentar, y qué sentimientos te gustaría percibir dentro de ti. Si a ti no te gusta el dinero y solo te apetece la sensación que te da poseerlo; por ejemplo, la sensación de libertad, sentimiento de abundancia o respaldo. Entonces, por un lado, describe con precisión qué es lo que quieres y, por otro, qué es lo que crees que eso que quieres va a traer a tu vida, qué es lo que te provocará en tus emociones.

Puede que, en un momento, incluso, conseguir una definición de lo que quieres se te torne difícil, porque muchas personas ni siquiera saben qué quieren. Es como subirte a un autobús sin saber hacia dónde se dirige. Es cierto que a algunas personas les gusta vivir de manera aleatoria y no les interesa tener el control. En cambio, a otras les gusta planificar, idear la estrategia, visualizar previamente su experiencia de vida. Les gusta conocer con minuciosa precisión qué es lo que quieren. Y, no es que les desagraden las situaciones inesperadas, solo se trata de disponer de un poco de certidumbre, pues, de todas formas, el inconsciente no deja de sorprenderles.

En estricto rigor, se refiere a una especie de co-creación conjunta con el inconsciente, porque eso somos, unos co-creadores. El inconsciente se desentiende de sí mismo, para convertirse en infinitas posibilidades, donde cada una de ellas, somos nosotros mismos. Eso significa que puedes adecuar dichas posibilidades, creando o eligiendo unas nuevas.

Pero, para crearlas, primero tienes que descubrirlas, ¿cómo vas a conectar con una frecuencia que desconoces?, ¿cómo vas a sintonizar con la cantidad de dinero que quieres ganar, si lo único que estás pidiendo es más dinero y no defines la cantidad? Debes establecer, ¿cuánto? Es esencial recurrir a la nitidez. El inconsciente no reacciona ni menos responde ante nebulosas.

Paso 2. Consistencia: hay algo muy interesante en cuanto a cómo funciona la manifestación o la creación consciente, y es que tiene que existir una sintonía fina entre lo que piensas, lo que sientes y lo que haces. Por ejemplo, si estás pensando: "detesto mi empleo" y estás sintiendo que no te gusta y que quieres abandonarlo para dedicarte a algo que te apasione y lo que sientes es frustración. Y tus acciones se remiten simplemente a continuar laborando en lo que haces, entonces no hay una consistencia, por tanto, nunca experimentarás un cambio. Deberás decidir, o cambias tus sentimientos y tu perspectiva acerca del trabajo, pues si lo que estás haciendo es trabajar ahí donde no te gusta, o cambias tu accionar para conseguir lo que te nutre de entusiasmo y satisfacción.

Para poder crear lo que quieres, tienes que tener esos tres conceptos de "manifestación consciente" en plena sintonía y consistencia. Una vez que tienes la lucidez de que lo que quieres, lo puedes integrar en consecuencia con lo que estás pensando, sintiendo y lo que vas a hacer para materializarlo.

Con el ejemplo del trabajo, vas a adherir a una nueva frecuencia, donde entras en presencia, tranquilidad, paz y piensas: ¿qué sucede en mi mente? No me gusta este trabajo, ¿qué estoy percibiendo? Me siento frustrado. ¿Qué estoy haciendo? Continúo trabajando en el mismo empleo. ¿Qué es lo que tengo que cambiar en esta realidad? Voy a buscar un trabajo que sea diferente. Uno que me apasione, motive y guste de verdad. Entonces, tu mente dice: "No, porque no vas a ganar tanto dinero". Ahí tu sentimiento se traduce en estrés y tu acción tiende a boicotearte.

Lo que debes hacer, entonces, es regresar a la paz y recordar que eres un creador consciente. Lo único que debes hacer es poner en concordancia un canal que conecte con lo que quieres crear. Y, más todavía, es primordial que, en ese acto, el miedo no te envuelva con sus helados brazos.

Cada pensamiento de manifestación, debes hacerlo siempre desde la gratitud. Pero, ¿cómo lo hacemos desde esa gratitud? Por ejemplo, en vez de estar pensando en que no te gusta tu empleo, en que sientes frustración, pero sigues desempeñándote en él; debes preguntarte, ¿cómo vamos a cambiar ese estrés, pensamiento, sentimiento y llamar a la acción?

Cambias ese pensamiento de: "no me agrada mi empleo" y llevas los pensamientos hacia una nueva fuente, hacia una consciente que ya no proviene del miedo, sino de la creatividad infinita, reemplazando ese pensamiento negativo. Pero ¿cómo lo puedo hacer? Cambias el pensamiento a uno de agradecimiento consciente que te diga, por ejemplo: "tengo un trabajo, puedo generar suficientes ingresos y probablemente usar este empleo como un vehículo para el que en verdad quiero".

Ahora bien, lo llamativo es que estos pensamientos parecen no demostrar ningún aporte sustancial, porque están sólo en tu consciencia, pero tenemos que regresar al entendimiento de que tus pensamientos varían tus sentimientos, estos modifican tus acciones y estas, a su vez, el maquillaje de tu destino, en consecuencia, tu realidad perceptual.

Paso 3. Ejecución: tenemos nitidez y consistencia, sabemos qué hay que hacer y hemos escrito qué queremos y cómo lo vamos a ejecutar. Es aquí donde entra una parte también importante que es la ejecución. La gran mayoría de la gente suele quedarse en las primeras dos indicaciones y decir: "Ya manifesté. Ahora que el universo haga lo suyo y me lo traiga". Lo que ignoran, es que ellos mismos son el universo, es decir, su propio inconsciente.

Es el perro persiguiéndose la cola, porque tú le estás pidiendo al universo que te lo traiga, pero resulta que tú mismo eres el universo. Entonces, el escenario se pone muy atractivo cuando crees que eres **"tu propio Dios"** y eres creación, por tanto, igual de poderoso que el universo entero. Pero, ¿por qué esperas a que te caiga algo, o que te llegue, a que alguien te diga que ya puedes ejecutar, o que el universo te mande la señal que necesitabas para comenzar a crear la realidad que pediste?

Debes ejecutar la acción que crees que tienes que tomar y si no sabes qué acción tomar, entonces, la solución es que entres en un proceso de visualización en el que mutas a la persona que te gustaría ser. Si cierras los ojos por veinte minutos, activas tu música favorita: jazz, música clásica, u otra y te transporta a ese sentimiento de la persona que quieres ser y te convences, llegará el instante en que tu mente te dirá: "no, no estás ahí, no estás sentado en la casa que no te gusta, no estás sentado en tu trabajo". Debes saber que tu conciencia es más poderosa y tu alma le gana a la mente y te sigue repitiendo y convenciendo: **"yo puedo hacer esto, yo me puedo visualizar"**, y te subes en la frecuencia de la persona que quieres ser. Entonces, te preguntas, ¿qué pensaría esa persona?, ¿qué haría esa persona?, ¿qué decisiones tomaría esa persona? Y entras en la esencia: lo sientes, lo eres, comienzas a pensar, ¿dónde estaría esa persona?, ¿qué ropa estaría usando?

Si lo analizas, consiste sólo en entregar energía al universo que eres tú mismo, vale decir, tu inconsciente. Es como arrojar energía al campo y decir: "¡ok! Voy a ejecutar en sintonía con mi deseo y no hay que hacer más. Debo hacerlo sabiendo plenamente que el universo me tiene resguardado en sus manos". Si, te carga como un pequeño bebé, vas a estar bien y conseguirás lo que quieres, siempre y cuando tomes el toro por las astas y ejecutes una acción en sintonía con tus deseos.

Como dije antes, puede que todavía no sepas qué realidad quieres crear, o no tengas la nitidez mental acerca de qué te gustaría tener y, tal vez, no sabes exactamente cómo adentrarte en este proceso de visualización. De cualquier modo, debes saber que vales por el simple hecho de ser. Por ser tú, por querer disfrutar, por relajarte y por ir por aquello que te mueve y te motiva, no por aquello que te enseñaron a seguir los estándares que valida el sistema.

La práctica persistente de: nitidez, consistencia y ejecución, desbloquea cualquier potencial que tengas y que probablemente, ignoras que posees.

Para comenzar una manifestación fácil y rápida, puedes iniciar con la observación consciente, es una tarea muy sencilla de hacer. Te sientas cinco minutos, cierras los ojos en un lugar donde sabes que estarás únicamente tú, donde no tendrás interrupción, seguro de que tendrás cinco minutos sólo para ti. Silencias el teléfono, dejas de lado el trabajo, los estudios, o lo que sea que pudiera frenar tu proceso de concentración. En seguida, te centras de lleno en tus pensamientos, mediante una observación consciente de tu diálogo interno. Ese que, en la mayoría de los casos, te dice que te encuentras envuelto en asuntos perturbadores que, casi siempre, no sabias que estabas teniendo. En ese transitar mental, te encuentras con un conjunto de emociones negativas, tal vez con intensas y descarnadas autocríticas. Quizá te ves zambullido en un diálogo interno en el que te encontrabas riñendo todo el día. Alguna decisión que sobrecargó tu pensamiento acerca del pasado, o también sobre un futuro predecible, pensando en lo que va a pasar, en cómo vas a pagar aquello, en qué y cuándo te van a pagar esto o lo otro.

Piensas en cómo vas a hacer ese trabajo y cómo vas a entregar esto y cuándo lo vas a hacer. "Tengo que trabajar tanto y tengo que hacer y qué van a pensar de mí". A través de la observación le podemos dar un alto a los pensamientos que no queremos, a esas molestas e intrusivas emociones. Por suerte, podemos cambiar esos pensamientos y reemplazarlos por los que queremos tener, tomando así un control consciente.

Si, por ejemplo, el pensamiento negativo es específicamente: "voy a perder mi trabajo", tal y como estás creando un escenario en un futuro inexistente, la posibilidad de que pierdas tu trabajo está ahí y se corresponde con el 50% de las probabilidades. Así como también, la probabilidad de que te asciendan es una posibilidad. Ambas probabilidades están disponibles todo el tiempo.

El inconveniente es que, al adherir a creencias reductivas, la mayoría de las veces le damos más importancia y, por tanto, atención, a la probabilidad negativa. En muchos casos se nos olvida que la positiva también existe y está lista para ser tomada.

Cuando observamos, tomamos el control y podemos cambiar nuestra atención. A donde va nuestro foco, va nuestra energía y el sólo hecho de darla a la probabilidad positiva, podemos crear escenarios favorables. La positiva debe ser una fotografía con el máximo detalle de lo que desees. Si no la consigues fabricar con tu mente, puedes obtener una desde Internet y memorizarla. O bien, sacarla tú mismo con tu móvil en algún lugar donde se encuentre algo idéntico o parecido a lo que deseas. Es importante tu actividad respiratoria, ya que te permitirá focalizar tu mente y mantener la concentración en lo que quieres que ocurra.

En caso de que no te resulte porque no puedes imaginar ni tampoco retener datos en tu memoria, puedes recurrir a la escritura. Describir, qué es lo que quieres experimentar. Escribirlo en primera persona, como si ya hubiera sucedido. Escribe tu futuro como si ya fuera una realidad y, en seguida, agradeces por ese futuro, aunque no exista aún.

Describe el apartamento de tu vida, cómo es tu automóvil o tu novia soñada. Tu vida completa y la que quieres vivir. Debes saber que la escritura es magia, es alquimia pura. Es decir, "los escribes, lo vives".

No solo imaginando y visualizando conseguirás lo que deseas. Para intensificar el poder de "la ley de la atracción", debes también sintonizarlas con una actitud de franco poder. Es decir, aplicas intención y foco mediante la imaginación, pero, además, tu sensación e impronta debe estar en concordancia con la certeza que da el poder. Esto, para que la energía circule en un único sentido con la mayor intensidad posible.

Para hacer efectiva esa impronta valiente y decidida, debes "creerte el cuento". En otras palabras, se trata de tomar consciencia plena acerca de tu inconmensurable poder cuántico, el que te permitirá desbloquear el potencial infinito que hay dentro de ti, haciendo que, al momento de visualizar, tu actitud y emoción convivan con los requisitos esenciales de: determinación, convicción y seguridad.

Deberás adentrarte a ti mismo, a través de tu propia voluntad, en una experiencia inmersiva, donde te conviertas física y psicológicamente, sin límites, en esa persona decidida y valiente que quieres ser. Te preguntas, ¿cómo actuaría esta persona?, ¿qué haría esa persona?, ¿qué decisiones tomaría?, ¿cómo se sentiría ser esa persona? Incluso, cuando comienzas a ser esa persona, cambias tu postura, porque es como si te hubieran contratado de actor para interpretar un rol específico en una película. Te das cuenta de que al pensar en esa persona que quieres ser, muchas cosas en ti dejan de ser las mismas. No estarías usando determinadas prendas de ropa, tampoco comerías ni te sentirías como ahora.

Esa persona que quieres ser, no estaría tomando el tipo de decisiones que estás adoptando ahora. Entonces, sin darte cuenta, poco a poco, comienzas a convertirte en el personaje y asimilas el poder que tienes dentro de ti y que te otorga esa facilidad de modificar conscientemente tu realidad perceptual.

Entonces, cuando creas la nitidez, respecto de cuáles son las cosas que tienes que cambiar para entrar en la sintonía de la persona que quieres ser, comienzas a ser esa persona. Así, al readecuar tu interior y entrar en esa esencia, haciéndolo correcta y constantemente, esta "experiencia inmersiva" hará que tu interior se transforme. Así es como, esa nueva y poderosa impronta, se verá reflejada en tu exterior, por ende, en todo lo que desees y visualices.

Si crees que la edad es un impedimento para convertirte en quien deseas ser, déjame decirte que te equivocas profundamente. Siempre tienes la posibilidad de transformarte en quien desees. En mi vida he debido adquirir la personalidad de personas que jamás imaginé. Sin importar la edad en que me encontraba, adquirí habilidades que jamás tuve. No existe edad para iniciar una conversión hacia nuestra nueva y conveniente versión.

Quizá te llamaría la atención si te cuento que a lo largo de mi vida he tenido que adoptar el rol y la actitud de un: profesor, cantante, gerente, futbolista, dibujante de historietas, actor, bailarín, humorista, animador, guía espiritual, director, jefe, técnico, escritor, chofer, motociclista y hasta director de obras civiles.

Me he reído a carcajadas, cuando a mis cincuenta y cuatro años, jóvenes de entre veinte y treinta años, me han requerido para jugar en sus equipos de fútbol, cantar en su banda de rock o animar sus cumpleaños. Con esta descripción lo que te quiero plantear es que no tenemos límite de ningún tipo para sufrir una metamorfosis. Como me ha ocurrido a mí, existen muchos casos de personas con una edad avanzada que se han convertido, en muy poco tiempo, en pintores, cineastas, fotógrafos o escritores de éxito. "Nunca es demasiado tarde para convertirnos en lo que pudimos haber sido", dijo George Eliot.

Pero, ¿cómo un anciano podría aprender tanto en tan poco tiempo? Existen casos increíbles, como el de José Silva, un hombre estadounidense conocido por crear un método de control mental. Se trata de una técnica de visualización muy avanzada, a través de la cual te visualizas a ti mismo conociendo tus versiones alternas. El propósito es romper la barrera que restringe tus posibilidades. Vale decir, derribar esos bloqueos inconscientes de tu mente que te reducen ostensiblemente el margen de acción en tu vida.

Salir de tu realidad actual para entrar en una beneficiosa que fue creada por ti, se lee complejo, pero es mucho más fácil de lo que parece. Podrías sanar tus dolencias más rebeldes, ya que está comprobado, por la misma ciencia, que el noventa por ciento de ellas son mentales.

Todo objetivo que busque cambiar nuestra realidad perceptual, debe tener en su radar como variable insoslayable, la conexión del consciente con el inconsciente. Sin ese mínimo como un denominador, ningún proceso de manifestación será posible.

Un camino para abrir ese canal comunicacional, se asocia a un cambio en el estado de conciencia. La mayoría de especialistas neurofisiólogos saben acerca de lo poderosa que pueden llegar a ser las técnicas de hipnosis. A través de esta, es posible derribar las barreras entre el consciente y el inconsciente, transportándote, mediante una estructura de ejercicios de respiración, a un estado de onda cerebral conocido como theta. En dicho estado, puedes modificar de manera consciente, las creencias programadas en tu inconsciente.

Dentro de tu propia hipnosis, podrás adosar una visualización guiada, una experiencia de "inmersión sensorial" en la que podrás escribir tus deseos, por ejemplo: el valor de tus ingresos, la salud que quieres gozar, qué apariencia quieres lucir, cómo se vería el amor de tus sueños, cómo sería tu nuevo apartamento, diseñar de manera muy precisa cómo se vería tu vida perfecta.

Mediante una grabación descriptiva, podrás conectarte con esa versión de ti que ya alcanzó sus sueños. Conseguirás adoptar una postura segura y determinada hacia tus objetivos. Caminarás con la seguridad de un caballero, abriéndote puertas y oportunidades inimaginables.

¿Cómo te sentirías poder ser tú mismo, con tu verdadera esencia? ¿Cómo te sentirías poder ser tú en plena confianza, sin sentimientos de culpa ni restricciones mentales de ningún tipo? ¿Cómo te sentirías teniendo esa energía para crear lo que se te ocurra?

CAPÍTULO XI: MANIFESTACIÓN CONSCIENTE: MÉTODOS

Antes de entrar en materia de métodos, debo recordarte algunos conceptos básicos. El libro que tienes en tus manos no es real y no lo estás tocando, tus ojos no ven. Si, puede que creas que perdí el juicio al decirte esto, pero el universo en el que vivimos es en su totalidad energético. ¿Qué quiero decir con esto? Que por más que creamos estar palpando cosas materiales, la materia en densidad no existe.

Todo lo que percibimos está compuesto por partículas en movimiento. Si lo analizamos en profundidad, lo que existe son cuerdas electromagnéticas en movimiento que generan energía. El universo es este espectro gigante energético, donde constantemente se encuentra interactuando toda la información. Lo que absorben tus ojos durante tu existencia, es la interrelación entre la energía y su movimiento.

Esta energía accede a tu cerebro. Allí es recibida en un hemisferio y traducido por el otro en figuras que tú puedas percibir. Ahora bien, para traducirte la realidad que estás observando, el cerebro ocupa la memoria, que es la información que está dentro de tu "disco duro".

Piensa como si tu cerebro fuese una computadora, nada distinto a lo que tu artefacto de "disco duro" contiene podrás hacer, ya que, una computadora sin almacenamiento no podría hacer nada. No puedes pedirle a una computadora que levante una aplicación para ir a la luna, si no la tiene en sus registros o carece de esas habilidades de cálculo. Eso mismo es lo que sucede con tu cerebro.

No le puedes pedir que cree un cohete para ir a Júpiter. Si en tu mente no existe información que pueda sustentar la fabricación de ese cohete, por ejemplo, creencias que vayan adecuadas a ello, estados emocionales que concuerden con esa realidad y básicamente con todo el ecosistema interior y exterior que te permita generarlo, te será imposible construirlo. Por esto, debes comprender que la realidad que tienes en frente es un simple espejo de quién eres, de lo que tienes en tu interior. O sea, de la información que tienes disponible en tu cerebro. "Eres lo que crees ser, en función de la información que tienes disponible".

De ahí la importancia de comenzar a observar tu información. Si lo que tienes en frente no es de tu agrado, tienes que tomar tu libro de notas y escribir todas las cosas que te desagradan. ¿Qué piensas de cada una de esas cosas? ¿Cómo te comportas con cada una de esas cosas? Y, entonces, darte a la tarea de encontrar la manera de comenzar a poner nueva información en tus registros mentales.

Dentro de los métodos de "manifestación consciente", encontrarás incontables alternativas. Muchas de ellas muy fáciles de entender y ejecutar. Si embargo, a pesar del esfuerzo, rigurosidad y ganas que le imprimen algunas personas a su aplicación, para la gran mayoría de la gente, resultan infructuosas. Esto, por las razones que he expuesto en los capítulos anteriores.

No podemos pretender subirnos a una bicicleta y comenzar a andar correctamente en el primer intento. Toda técnica requiere práctica y mucha paciencia. Con esto, no pretendo invalidar los métodos que a continuación describiré, sino advertir que, si pese a seguir las instrucciones al pie de la letra, tu manifestación fracasa, la culpa no es del método, sino de tu exigua preparación mental previa. Por eso, antes de incursionar responsablemente en esta práctica, debes hacerte cargo de los requisitos básicos. No sé de nadie que, utilizando cualquier tipo de método, por eficaz y seguro que parezca, haya tardado menos de un año en conseguir manifestaciones efectivas y recurrentes. Convertirte en un "maestro cuántico" no es una tarea que vayas a lograr de forma inmediata. Si alguien te dice lo contrario, deberás sospechar de sus verdaderas competencias en el mundo de la enseñanza de manifestación efectiva.

Bien, antes de narrarte cómo elaboré mi propio y más eficaz mecanismo de "Maestría Cuántica", hablaremos de los tres métodos más simplificados que probé con éxito. Esto, toda vez que ya tenía mi inconsciente "amaestrado".

El siguiente se llama el método de WhatsApp y se resume en tres simples pasos.

1. Genera un grupo en WhatsApp donde solo estés tú como integrante. Ponle por nombre, por ejemplo: universo, Dios o cualquier nombre que te inspire un poder superior.

2. Escribe en él todos los días y no olvides escribir los agradecimientos por todo lo positivo que te haya sucedido durante el día. La gratitud es muy importante.

3. Si quieres manifestar algo, utiliza los audios para, por ejemplo, decir: "Muchas gracias universo por el dinero que me llegó, ya que me sirvió para pagar la pizza".

El WhatsApp emula tu libro de notas y es recomendado para personas adictas a esta aplicación. Comprobarás cómo, mediante esta simple práctica, irás grabando nuevos programas en tu inconsciente.

Otro método muy simple para manifestar de manera consciente, es el de "repetición". Es muy efectivo y te servirá para reprogramar o generar nuevos caminos neuronales. Al aplicarlo deberás poner intención, sensación y visualización.

1. Comienza a visualizar en detalle lo que quieres manifestar. Por ejemplo, haz de cuenta que quieres un carro.

2. Entonces, comienzas a sentir la sensación de que el carro está estacionado en la puerta de tu casa.

3. Ahora, comienza a hacer las siguientes preguntas en tiempo presente: ¿Por qué mi carro marca AAA, es tan espacioso? ¿Por qué tiene tan bello tapiz de cuero? ¿Por qué mi carro color azul es tan llamativo?

Este método y sus componentes debes repetirlo cada noche antes de dormir y por la mañana antes de despertar en totalidad. Lo harás por tres días, luego te olvidarás de él. Es también una forma muy eficaz de plasmar en el inconsciente nuevos programas.

Bien, recuerda que no importa el método al que recurras para intentar manifestar; si no cumples con los requisitos esenciales, el inconsciente hará caso omiso a tus petitorios.

Ahora bien, ¿cuál es el requisito más importante en la manifestación efectiva? La vibración, pues mediante esta, el inconsciente se comunica con el campo cuántico, haciendo modificar su estructura, ya sea, de forma positiva o negativa. Para cumplir todos tus deseos, debes conseguir vibrar alto en el acto de manifestar.

Por más que te visualices abundante y económicamente exitoso para manifestar dinero, si tu emoción solo vibra en un vacío, con carencia y pobreza, eso será lo que atraerás. Por eso, mucha gente se decepciona de los métodos y abandona la práctica diciendo que las técnicas de manifestación no sirven. Cuando en realidad ignoran que uno de los puntos esenciales de la manifestación, para que el inconsciente comprenda el contenido de nuestro pedido, es cambiar nuestra vibración, a lo menos, en el instante de la manifestación.

Pero, ¿cómo puedes modificar tu vibración? Mediante las emociones. Recuerda que estas son una energía en movimiento. Cada emoción emite una vibración y eso es el mensaje que das a tu inconsciente. De ahí la importancia de la "circulación energética".

En conclusión, no des tanto énfasis a la técnica que utilizas para manifestar, sino en lo que estás sintiendo tú a la hora de aplicar esa técnica.

Bien, vamos con la tercera y última técnica de manifestación consciente, se llama "El dibujo escrito":

1. Tomas una hoja de cuaderno y en ella escribe con lápiz a pasta, la inicial de lo que quieres manifestar. Por ejemplo, si lo que quieres es dinero, escribes la letra "D".

2. En seguida, encierras en tres circunferencias esa letra, trazando desde la última de ellas, la más grande, una línea recta hasta el final de la hoja.

3. En la parte izquierda de la línea, enumeras cómo te va a llegar el dinero. Por ejemplo, anotas:

   a. Me llegará de manera fácil.
   b. Abundante.

En seguida, en el lado derecho, escribirás cada una de las sensaciones que te provocará recibir ese dinero. Ejemplo:

   a. Me siento aliviado.
   b. Contento, feliz y agradecido.

Finalmente, escribes en ambos lados, izquierdo y derecho, tu firma y la fecha. Más abajo, escribes tres veces "gracias" con una vibración genuina, determinada, convencida y segura.

Para reforzar el mensaje hacia tu inconsciente, remarca todas las letras que escribiste, utilizando un lápiz que contenga tu color favorito –de preferencia color dorado–. Luego, guarda la hoja, sin doblarla, en el mismo cuaderno desde donde la extrajiste. Pronto verás que lo que escribiste se hará realidad antes de lo que esperas.

CAPÍTULO XII: EVIDENCIAS

Un científico hizo un experimento que demostró algo extraordinario. La prueba consistió en vaciar en un frasco de veinte centímetros de altura, una cantidad determinada de pulgas. Según la ciencia, estos insectos son capaces de brincar hasta noventa centímetros de alto. Una vez que estuvieron dentro del frasco, lo selló con la tapa. Las pulgas comenzaron a saltar, pero al encontrarse con la resistencia de la tapa, su brinco no logró sobrepasar los veinte centímetros de altura.

Así estuvieron los insectos durante tres días, hasta que el científico decidió quitar la tapa del recipiente, esperando que con sus potentes saltos los pequeños animalitos consiguieran huir del interior del frasco. Sin embargo, la sorpresa del especialista fue mayúscula, al constatar que las pulgas ahora solo brincaban hasta la entrada de la boca del frasco, justo en el límite donde antes la tapa había estado impidiéndoles cualquier posibilidad de escapar. Lo más asombroso, fue que los insectos tuvieron crías, pero estas, ya ni siquiera intentaban brincar, sino que caminaban. De alguna forma, esta analogía nos demuestra el daño que pueden provocarnos las enseñanzas reductivas que nuestros propios padres nos transmiten a temprana edad, justo cuando nuestro cerebro se está formando con las ideas que marcarán nuestro comportamiento y creencias futuras. "Nuestra vida es lo que nuestros pensamientos hacen de ella", dijo Marcus Aurelius.

Por otro lado, en 1990 un científico japonés, Masaru Emoto, realizó un experimento que cambiaría para siempre nuestra comprensión acerca del poder de las palabras. El oriental descubrió que estas pueden afectar nuestra realidad. Para comprobarlo, Emoto expuso agua a diferentes palabras, música; incluso, pensamientos. Capturó los resultados rescatando imágenes increíbles que revelaban cómo las moléculas del vital líquido variaban su forma, convirtiéndose en hermosas estructuras, cada vez que eran exhibidas a palabras positivas. Por ejemplo, algunas tales como: "amor y gratitud", formaban cristales preciosos con forma de estrellas o diamantes.

En tanto, aquellas negativas: "estúpido y feo", resultaban en estructuras amorfas, caóticas y desordenadas. Con ello, Masaru Emoto demostró que la intención y la palabra no sólo son sonidos o escrituras, también son energías capaces de influir en nuestro entorno, hasta el punto de cambiar la arquitectura molecular del agua. Esto comprueba la razón por la cual, las palabras bellas parecieran impregnarnos de energía positiva, mientras que las desagradables, nos provocan malestar y sentimientos adversos.

Entonces, si consideras que más del 70% de nuestro organismo se compone de agua, significa que podrías utilizar la premisa de Emoto para diseñar tu realidad de forma consciente.

Existen varias fórmulas, a través de las cuales se puede conseguir crear la vida que sueñas. Como te he dicho antes, el poder es casi infinito, solo tienes que hacerlo tuyo.

Puedes fabricar la realidad antes de ir a dormir y al despertarte por la mañana. Son instantes específicos del día donde nuestra intensidad mental está mucho más llana a manifestar. Es decir, puedes comenzar a alterar tu realidad a través de tres herramientas, en ocasiones clave del día. Esto, porque, en esos momentos, tu mente se encuentra en un estado de onda cerebral especial, en la que las barreras entre tu consciente e inconsciente desaparecen, permitiendo entre ambos una integración única.

En esos instantes, los pensamientos, la meditación y distintos ejercicios de visualización, pueden además transformar tu cerebro. Puedes aprovechar esos lapsos de tiempo, donde se te aparece el "genio de los deseos" y pedirle lo que gustes. Son esos dos precisos instantes del día, donde se desmoronan las barreras de la consciencia, porque entonces el cerebro tiene una menor actividad eléctrica y, por tanto, menor resistencia. Es un momento en el que tienes acceso a plantar nuevas y convenientes semillas en tu inconsciente. Recuerda que es este quien toma decisiones por ti, en tu día a día y sin tu control. Son precisamente estas decisiones las responsables de distorsionar el maquillaje de tu destino, en consecuencia, el aspecto de tu realidad perceptual.

La primera práctica que puedes llevar a cabo, antes de ir a dormir y a cambio de revisar tu celular, es escribir en un diario de gratitud. Si, y es más fácil de lo que parece. No tiene que ser un cuaderno especial, puede tratarse de cualquiera que te encuentres por ahí, en algún rincón de tu casa. Cualquier hoja que tengas a mano, en la que puedas escribir tres cosas por las que te sientas agradecido; aunque sean algunas que generalmente damos por sentadas. Por ejemplo: por estar abrigado, por respirar, porque podemos mover nuestro cuerpo, por gozar de la compañía de nuestros seres queridos.

Lo cautivador de esto, es que cuando escribes desde la gratitud, tu vibración se modifica, tu estado de ánimo cambia y desde este estado de gratitud interior, reflejas al exterior. A través de esta gratitud, comienzan a nacer nuevas oportunidades, cambia tu estado de ánimo, tu forma de ver las cosas y tiene una influencia muy profunda y positiva en tu inconsciente. Sin dimensionarlo, estás entrenando un inconsciente agradecido y más conectado con tu ser interior.

La segunda práctica es la observación consciente de tus pensamientos antes de ir a dormir. Puede que, al hacerlo, tu mente te esté narrando mil historias, que esté creando variados escenarios de cómo todo puede salir mal, repitiéndote una y otra vez un futuro predecible. Lo que pasa es que aún no has puesto la luz de la conciencia en los escenarios que estás creando antes de dormir. De manera decidida, debes tomar un lapso de tiempo de observación consciente de: ¿qué es lo que estás pensando y qué es lo que tu inconsciente va a absorber? Antes de que vayas a la cama, escucha a tus pensamientos y, aunque a veces pueden ser perturbadores o, incluso, intrusivamente negativos, es tu deber y responsabilidad escucharlos, para luego reemplazarlos por aquellos positivos que quieres tener. Si no haces esto, estás dejando que la negatividad que absorbiste durante el día, se termine de plasmar en tu inconsciente, precisamente cuando tu cerebro está en el estado especial de onda, donde tu inconsciente yace mucho más receptivo.

La tercera práctica es magia, es la responsable de haber cambiado la vida en ciento ochenta grados a varias personas. Ha sido el artífice, en varios casos, de creaciones muy específicas en la vida de la gente que la ha practicado. Funciona de la siguiente manera:

1. En un papel escribes con precisión todo lo que te gustaría crear en tu vida soñando en grande, no pensando en escasez ni en la realidad que estás pasando actualmente.

2. Escribe cuál sería ese sueño, esa meta, cuál sería esa experiencia que quieres vivir. En este paso sólo estamos clarificando al inconsciente respecto de qué es lo que queremos experimentar.

3. Buscas en Internet un tipo de música conocida como, **"estimulación de inmersión sensorial"**. Tomas tu registro de nota de voz y comienzas a grabarte leyendo lo que escribiste, poniendo ese audio particular de fondo.

Lo escucharás todas las noches de forma repetitiva, con los auriculares puestos. Si te quedas dormido escuchando, tanto mejor, porque al despertar en la mañana seguirá grabando tu inconsciente. Recuerda que es en esos momentos cuando tu inconsciente está absorbiendo la descripción de la realidad que quieres. Como dije antes, es un instante muy eficaz de reprogramación de tu inconsciente.

En corto tiempo, verás que desde el primer día comenzarás a sentirte diferente. A tu alrededor, se iniciarán manifestaciones, sincronicidades y sucesos a los que no podrás dar una explicación razonable. Se dará inicio irremediable, a un proceso de transformación en tu vida.

Recuerda que, para conseguir cambios en tu realidad perceptual, debes programar tu inconsciente. Él es el que puede modificar el campo cuántico o Lattice, vale decir, lo que nuestros ojos nos muestran en nuestra existencia consciente.

Por otro lado, existen conceptos que debes traducir en conocimiento. ¿Cuánto sabes acerca del universo? Muchas veces, este habla a través de un orden disfrazado de caos. Cuando crees que todo parece estar desmoronándose en tu vida, en realidad es un orden emulando desorden. Para nosotros, los seres humanos, no es fácil interpretar esas señales. No sabemos con exactitud cómo funciona el orden de la naturaleza.

Por ejemplo, en nuestro concepto de orden, un árbol no tiene ningún atisbo de orden. Tiene las ramas dispersas en distintas direcciones y está brotando continuamente, emergiendo hacia la luz para obtener energía y así sobrevivir, gracias al proceso de fotosíntesis de sus hojas. Una planta, la tierra que le rodea, cada ser humano, nuestro cuerpo está creciendo, brotando como si fuera un árbol. Ninguno de estos elementos sigue un orden específico; a nuestra vista, son un desorden indescifrable. Pese a ello, a la gran mayoría nos parecen hermosos. Creemos tener un concepto acerca de qué es el orden, según ciertas reglas y estándares que hemos inventado para dar un sentido o una medición a lo que nos rodea.

Medimos las cosas, les ponemos nombre, los categorizamos. Esto es una antena, esto otro una mano, una pierna. Pero, en realidad, si te abstraes de ese sistema por un segundo, caerás en cuenta de que en realidad no eres nada. Para nosotros todo es un concepto. Nuestro cuerpo es un concepto. Pero, ¿y si todo fuese una simple ilusión?

¿Qué es el espacio? El espacio entre tu mano y tu rostro, entre tu cara y la pantalla de la computadora. ¿Qué es el espacio en medio?, ¿es una ilusión?, ¿ese espacio es en verdad una ilusión?, ¿no hay espacio?, ¿todo está conectado?, ¿todo es uno? Pues bien, según la ciencia, todo es átomos y estos contienen 99,99% de vacío.

No siempre las cosas que en tu vida parecen estar en desorden, lo están realmente. Si eres creyente en un ser divino, siempre transitarás por un instante donde renegarás de él. Siempre sucede cuando has estado pasando por momentos complejos de tu vida. Entonces, le ruegas y le pides, pero pareciera que te ignora y hasta se ensaña contigo. Lo que no despabilas es que, en el fondo, estás criticando a tu propio inconsciente, al que recriminas sin saber que estás siendo víctima de tus propias creencias reductivas, basadas en tus miedos y en tu ego negativo. Además, ignoras que el caos en tu vida tiene dos posibles causas. La primera puede estar relacionada con una transición necesaria para dar paso a algo bueno que viene para ti. Para armar un rompecabezas, primero debes desarmarlo.

La segunda causa, guarda relación con el proceso interno que pudieras estar experimentando, una guerra contigo mismo que se libra sin tregua en tu mente interior. Por cierto, una de la cual todavía no te has hecho cargo. "Como es adentro es afuera".

CAPÍTULO XIII: JIM CARREY

A comienzos de su carrera, el actor y comediante norteamericano Jim Carrey escribió un cheque a su nombre por diez millones de dólares, lo guardó en su billetera y esperó a que se hiciera realidad, confiando en el poder de su mente.

¿Cómo pudo Jim convertir un sueño imposible a una realidad palpable? Lo hizo porque, sin darse cuenta, aplicó lo que llamamos "manifestación consciente". Si analizas, él escribió su deseo y, probablemente, al poco andar, se olvidó de que su cheque estaba en medio de un montón de papeles dentro de su billetera. Con ello, dejó ir ese pensamiento positivo, lo liberó de su control consciente.

¿Puedes tú utilizar la misma estrategia para manifestar lo que sea? Jim Carrey firmó aquel cheque a su nombre, fechado para el "Día de Gracias" de 1995. Esta fue su afirmación y una visualización poderosa, más allá de una visualización, un importante recordatorio.

Justo antes de la fecha para la cual fue establecido el cheque, logró un contrato para la película "Dumb and Dumber", la cual le reportaría casi diez millones de dólares. Esto no fue casual, fue obra de la "ley de la atracción" en su más pura esencia. Carrey no solo esperó a que se hiciera realidad, sino que trabajó incansablemente perfeccionando su arte, mientras mantenía una creencia inquebrantable acerca de su visión.

La visualización es trascendental, pero la ejecución, en sintonía con esta, es igual de importante. Si ejecutas sin una visión en mente, entonces la acción se desperdicia. Si tienes una visión y no tomas ejecución en sintonía con la visión, no hay manera de llegar a ella. La visión y la ejecución se complementan y ambas tienen que estar en concordancia y armonía conjunta con una vibración.

El verdadero secreto del éxito de Jim Carrey es que no solo soñaba con ser una estrella de cine, sino que actuaba como si ya lo fuera. Se lo creyó con tal determinación, convicción y seguridad que comenzó a reflejarlo en su exterior.

Antes de continuar ejecutando sin una estrategia clara, solo haciendo y haciendo, visualiza y descifra qué es eso que quieres, y sé igual de preciso que Jim Carrey, igual de específico, igual de determinado, convencido y seguro.

Si son 5 millones de dólares, o son 10 millones de dólares. Si es una mansión, si es lo que sea que quieras, define, ¿qué es? Y comienza a jugar tus cartas con la certeza de que tu visión es tu destino. Deshecha cualquier plan B, lo único que existe es esa dirección.

La historia de Jim colmó de inspiración a muchos de sus seguidores. Tal y como lo hizo él, visualiza, ejecuta y observa cómo se despliega la realidad que te mereces a tu alrededor.

Para muchas personas, su mayor enemigo es su propio inconsciente, pero no se dan cuenta. Lo que aún ignoran, es que hay una manera de dominarlo, erradicando sus programas originales, esos que vienen de fábrica. Podemos comenzar con algo tan sencillo como levantarte en la mañana y decir: "algo increíble va a suceder hoy". Con estas simples palabras te vas a dar cuenta de que a partir de ese momento tu día va a cambiar de forma positiva. No necesariamente porque algo externo varie, sino porque vas a iniciar la jornada, desde la expectativa de algo increíble, tomando decisiones desde un agradecimiento que proviene de la certeza de que algo increíble va a acontecer. Tu inconsciente hará todo lo posible por encontrar cosas que prueben esta afirmación.

De pronto, caerás en cuenta de que las cosas que dabas por sentadas antes, ahora te resuenan positivas y hermosas, pues, en su frenética búsqueda, tu inconsciente te mostrará detalles que antes desatendías por completo. Por ejemplo, que el desayuno te quedó delicioso. Notas que alguien te sonríe en la calle, te encuentras una moneda por ahí, ves cómo el cielo se ve más azul que ayer, o un pájaro canta con maestría muy cerca de ti.

Algo encontrará tu inconsciente para afirmar la declaración que hiciste antes de comenzar tus labores, porque, cambiar nuestra realidad empieza con un cambio de actitud y percepción. Y sí, para cambiar lo que percibimos como realidad, requiere practicar, hasta que de repente, eso que sólo dijimos o declaramos, se vuelve una realidad palpable.

Sin que muchas veces tengas consciencia de ello, la vida que estas viviendo en este momento fue una creación tuya. Creaste cada paso de lo que ibas a vivir conscientemente. Todo lo que ocurre a tu alrededor es tu obra. **"Es por fuera lo que eres por dentro"**.

Y, si, la ciencia lo respalda. Las personas que viven en un estado de expectativa positiva han reportado mejoras abismales y significativas en su calidad de vida. Y esto tiene un nombre, se conoce como, neuro plasticidad. Se refiere a nuestra capacidad cerebral para crear nuevas conexiones neuronales, de manera de reconfigurarse a través del pensamiento positivo.

Sin embargo, existen aquellas personas que aseguran que esto es "positividad tóxica". Pero, en realidad, es una buena estrategia neuronal. ¿Cómo viviría una versión de ti que tiene siempre una expectativa positiva, no sólo de sí mismo, sino de su mundo exterior? ¿Qué decisiones tomaría? A diferencia de vivir en una constante visión "realista", donde la persona no se atreve a alterar su realidad, imprimir una perspectiva positiva a las situaciones o cosas es muy beneficioso para tu mente y, por tanto, para tu cuerpo.

Dicen que para manifestar algo en tu vida, tienes que pensar en ese algo todo el tiempo, ¿verdad? Así es como se supone que funciona la "ley de la atracción". Pero, no, no necesariamente funciona así. Tenemos más de 60.000 pensamientos al día. Si todos se hicieran realidad esto sería un verdadero embrollo.

La verdadera forma mediante la cual podemos cambiar la realidad, manifestar o atraer, es a través del control del inconsciente. Él no razona como crees, pero algo es seguro: "tu inconsciente sabe sentir". Tiene el poder de crear circunstancias en tu vida, dependiendo de cómo se sienta. Entonces, ¿cómo puedes transferir un pensamiento consciente para que funcione dentro del inconsciente y así se manifieste a través de la alteración de la "Lattice" o campo cuántico?

La respuesta es sencilla: a través de una emoción. Es real. Este mecanismo funciona y seguirá funcionando todos los días. Pero necesita práctica y repetición. Necesitas enfocarte al 100% en eso que pensaste. Pero no solo pensarlo para llevarlo más allá, para traerlo a esta realidad tridimensional, sino que, además, tienes que convertirlo en un sentimiento muy corpóreo. Crear una conexión entre el pensamiento y una emoción tan fuerte dentro de tu cuerpo, que tu inconsciente llegue a sentirlo como algo real.

En otras palabras, para manifestar algo en esta realidad tridimensional, tienes que sentir este deseo con una emoción tan fuerte que tu cuerpo no sepa distinguir entre el deseo y lo que es real; entre la verdad y lo que aparenta ser la realidad a tu alrededor.

La idea es sentirlo como si existiera, con la intensa convicción de que ya lo eres, porque ya es tuyo, porque ya lo hiciste, porque ya lo lograste. Tienes que tomar la intransable decisión de querer comenzar a hacerte de más control, de crear con tu consciencia activada. Cuando vives como un pájaro volando por los aires, la vida te hará enfrentar escenarios aleatorios. A veces las cosas te saldrán bien, pero otras puede que muy mal. ¿Qué debe ocurrir en tu vida para que te hartes de la incertidumbre constante que te envuelve?

Muchos aseguran tener el control de sus vidas. Pero si eso fuera así, la ejecución debería traerles buenos resultados. El hacer, por hacer, no siempre ayuda a crear la realidad que quieren obtener.

Cambiar realidades creando así la vida que mereces y que quieres experimentar, deshaciéndote de la que crees que te tocó vivir, no es algo difícil de conseguir. Es una técnica que no requiere esfuerzo, que solo requiere como inicio, definir con claridad qué es lo que quieres y entrenar a consciencia.

Tú decides vivir tu vida con las peores expectativas, dirigiendo la energía de tu atención ante las posibilidades negativas.

Eso es lo que sigue atrayendo estas situaciones desfavorables a tu vida. Debes decidir conscientemente erradicar de tu inconsciente la cultura y las enseñanzas estándares y restrictivas de la sociedad, para comenzar a poner toda tu atención y tu expectativa en la posibilidad que crees y quieres que se haga realidad. De esta manera, aprenderás a vivir en certezas absolutas, pues cualquier cosa que te suceda, realmente no te ocurre de forma aleatoria, sino que tú haces que acontezca.

Cuando logras cambiar el chip y comienzas a vivir con la confianza de tener el control de la realidad, te das cuenta de que nada indeseado sucede en tu vida. Que lo que, en apariencia se ve como inconveniente, y que simula ser un caos, es en realidad un orden disfrazado de tal. Es una entropía natural que está atrayendo a tu vida, lo que quieres crear, por lo que no debes perder la convicción ni menos adherir a un sentimiento de frustración.

Si quieres crear algo y el resultado se traduce en lo opuesto, debes saber que ese resultado, es solo una parte del proceso previo, una antesala, para que lo que desees venga a ti, lo haga de la forma que lo pediste. Como dije antes, no se trata de "positividad tóxica", sino de una estrategia eficaz. Recuerda que mientras transcurre la tormenta en el desierto, muchos estragos se producen en el proceso, pero luego, tras ello, aparece lo imposible, lo inimaginable, un "desierto florido".

La positividad es una estrategia efectiva porque te mantiene con la atención consciente hacia lo que quieres. Al principio puede ser que sigas atrayendo cosas que no deseas, puedes seguir creando resultados que no van en concordancia con lo que estás creando, pero si te mantienes constante, las creaciones conscientes se van a volver mucho más específicas, precisas e instantáneas.

La gran mayoría de la gente no sabe exactamente cómo configurar y alinear su mente, su corazón y sus acciones. Tampoco conocen qué operaciones ejecutar en sintonía con lo que quieren crear en su realidad.

¿Cómo puedes vivir en esta certeza absoluta? ¿Cómo puedes

superar estos aparentes obstáculos? Mediante una técnica de "Maestría Cuántica" que, a través de una estructura bien elaborada, te lleva todos los días, con tan solo 15 minutos, a sentir dentro de ti tu versión más pura. Te regresa a la paz que mereces sentir, a través de una visualización personalizada de la realidad que mereces.

Muchas personas que han apostado por la "Maestría Cuántica" han cambiado su vida positivamente. La ciencia del saber manifestar solo trae beneficios a las vidas de las personas, ya que, entre otros, regala un momento de paz profunda, permitiendo vestir la mente con la tenida de tu mejor versión.

CAPÍTULO XIV: UNIVERSO DE MANIFESTACIÓN

Si, puede que me comporte majadero, pero es mejor repetir las cosas para que se graben a fuego. Es probable que hayas llegado a la conclusión de que estás atrapado en una rutina diaria muy repetitiva, haciendo cosas que ni siquiera sabes por qué las haces. Vas todos los días a un trabajo para conseguir más dinero, para comprar todas esas cosas que te han enseñado que necesitas. No es tu culpa estar inserto en este sistema, pues al final es donde naciste y no tenías otra alternativa.

Sin embargo, es tu responsabilidad despertar y ser consciente de que eres tú quien voluntariamente está siguiendo a la sociedad y su sistema. Dicen que este te atrapa y no te suelta. Es verdad, porque tienes el inconsciente programado para que así sea. En él tienes arraigada la idea de que vas a ser castigado, o que vas a fracasar si dejas de seguir al sistema. Perderás todos tus bienes y el confort que se supone te brinda vivir dentro de él. Pero, ¿es tan así? Nuestro cerebro teme a la incertidumbre, le tiene un pánico endémico. Por eso, los métodos de manifestación son hoy por hoy un mecanismo válido para dejar en la mente de las personas, la sensación de que se puede conseguir certidumbre y así ganar la paz y libertad que tanto les satisface.

La "manifestación consciente" puede traer a tu vida enormes beneficios, siempre y cuando apliques la técnica de manera correcta. No siempre se logra, ya que hay errores que solemos cometer.

La mayoría de las personas te sugieren, poner frente a ti un collage con fotos que contengan escenas y cosas de lo que quieres vivir. "Pega una fotografía de Europa, Asia o África, o cualquier lugar que quieras visitar el próximo verano y se te hará realidad", decían.

Si, vi a varios amigos haciendo el experimento, hasta que se convencieron de que era justamente esa la razón que estaba bloqueándoles de crear la realidad que deseaban experimentar. Porque ese método te recuerda constantemente lo que no tienes. Y aunque puedas pensar que cuando ves esas imágenes te entrelazas con la energía de la persona que quieres ser, y crees estar conectando con la energía, o te recuerdas de la vida que quieres crear, lo que en verdad estás generando, es un incremento de aquella energía de no tenerlo. Porque si ya tuvieras la casa de tus sueños, no tendrías una fotografía de ella en tus sueños y frente a ti.

Para manifestar y crear algo en tu realidad, o sea, para desplazarte entre dimensiones y realidades, es esencial entender que tienes que ejecutar en sintonía con tu deseo, pero como si ya lo hubieras vivido, como si ya hubiera sucedido, como si eso que quieres crear ya estuviera en el pasado. Al tener una fotografía de la casa de tus sueños enfrente de tu semblante todo el día, sí, te está recordando lo que quieres, la vida que deseas crear, pero también, inconscientemente, te está diciendo sin tapujos lo que no tienes, fomentando así una energía de escasez dentro de tu inconsciente.

Y aunque el cúmulo de imágenes bellas te haga feliz en el momento, es un sentimiento momentáneo, una felicidad detrás de la cual se esconde una energía de escasez. Al verlo, tu mente inconsciente entra en un estado de carencia. Tu vibración y tu energía elemental, se adentran en la escasez de no tenerlo aún, lo cual aleja lo que sea que quieras crear.

Mis amigos arrojaron a la basura las fotografías, cuando descubrieron el método de "Maestría Cuántica". Un conjunto de técnicas que, como te conté en los capítulos anteriores, utilicé por mucho tiempo de forma exitosa, hasta que decidí bajar la intensidad de su utilización, por razones espirituales. La sensación que me daba su uso continuo, comenzó a transformarse en autocuestionamientos constantes. Por un lado, tenía en mi vida una energía pura de abundancia material, pero, por otro, comencé a percibir una profunda escasez de crecimiento espiritual.

Los métodos de "Maestría cuántica" permiten entrar en conexión total de presencia plena, en una instancia en la que no necesitas estar en otro lado. Cuando entras en este estado te das cuenta de que no necesitas nada más y que la plenitud terrenal que tanto estabas buscando ya está ahí contigo, en este momento presente.

Prosiguiendo, a mis amigos les costaba mucho verlo y más, entender que su verdadero potencial individual, no estaba en una fotografía instalada en sus escritorios, o en un collage con las imágenes de la casa que querían. Estaba adentro de ellos mismos.

Fueron ellos quienes escribieron en una hoja sus más íntimos deseos, recurriendo a un detalle preciso de lo que deseaban, luego se grabaron leyendo sus propias prosas, con las melodías adecuadas de fondo. Al unir sus voces hablando como esa persona del futuro que querían ser, junto a las melodías, comenzaron a escucharlo por primera vez. "Me sentí confortablemente extraño. Jamás estuve así de placentero antes. Obtuve una paz interior que me impregnó de una convicción y seguridad, llevándome a sentir que, todo lo que quería ya había sido creado en mi vida. Era una realidad, pero, además, ya era parte del pasado", dijo uno de ellos. El resto, aseguró haber percibido sensaciones muy similares.

Por mi parte, mediante el método, entré más de una vez en la persona que tanto quise ser. Experimenté esa abundancia interna que estaba buscando y esta misma se reflejó en mi exterior. Las oportunidades comenzaron a aparecer y cada vez que lo requerí, me convertí en el personaje que me demandaba una determinada situación.

Logré salir de mi depresión severa y comencé a sentirme mucho mejor. Mi aspecto desmejorado, derrotado y triste, comenzó a mutar hacia uno bastante más fresco y animoso. Ahora sí, me gustaba la persona que veía cada mañana reflejada en el espejo.

Comencé a rodearme de personas que estaban en sintonía con la persona que yo era. La vida empezó a poner gratas sorpresas en mi camino. Fue como si hubiera pasado por una transición desde un infierno, al valle del Edén. No tengo otra manera de precisarlo.

Ahora bien, lo que me gustaría preguntar a las personas que se encuentran en un hoyo sin fondo, o inmersos en una rutina que detestan, es: ¿qué tiene que ocurrir para que te pongas a ti primero? Para que comiences a vivir la vida que mereces y darte la oportunidad de sentir esa paz que tanto anhelas.

En proporción, déjame decirte que estás más cerca del punto más remoto del universo, que de la parte más ínfima adentro de tu cuerpo. Tu poder es infinito y podría apostar de que no lo sabes. Imagina que el telescopio espacial Hubble dice que el radio del universo observable es de 8,8 por 10 elevado a los 26 metros. Ese es el orden de magnitud que, de seguro, un ser humano común, ni siquiera puede dimensionar.

Me impresioné más cuando descubrí mi ínfima parte interior, que con la cantidad de ceros que arroja la distancia a la parte más distante del universo observable. ¿Crees que no hay nada más pequeño que un átomo? Te informo que estás equivocado. Pues, la medida más pequeña conocida hasta el día de hoy, se llama la longitud de Planck, que equivale a 1,6 por 10 elevado a los menos 35 metros.

Si comparamos el tamaño del universo observable, versus la medida más pequeña identificada hasta hoy, vas a notar que existen casi 10 ceros más de distancia hacia adentro que hacia afuera. Esto se traduce en que existen muchas más longitudes de Planck dentro de una persona, que longitudes humanas dentro del universo comprobable.

Te asombran las galaxias, planetas, hoyos negros, de gusano, las estrellas, pero si observas adentro de ti y desmenuzas esta información, caerás en cuenta acerca de lo inmenso y valioso que eres. A partir de ahora, sabiendo esto, será difícil poner en duda tu amor propio y por eso, es esencial que antes de intentar dominar el mundo, domines el universo dentro de ti, para aprovechar su máximo potencial.

Después de entender esa riqueza que reside dentro de mí,

decidí crear un método que me permitiera aterrizar mis sueños y materializarlos gracias al poder que yace en mi interior. Utilizando esta energía, decidí crear lo que algunos llaman: salto cuántico, o cambio de realidad, mediante una experiencia de "inmersión sensorial" que funciona a través de la meditación.

Diseñé un modelo escribiendo al detalle cuáles eran los sentimientos que deseaba crear en mi vida, las experiencias que quería experimentar, que añoraba materializar frente a mis ojos. Lo escribí agradeciendo como si esto ya hubiera sucedido, con gratitud profunda y enseñándole a mi cuerpo cómo se sentiría ese éxito que en algún momento anhelaba como realidad.

Después de escribirlo grabé en mi móvil mis notas de voz, narrando con precisión lo que había escrito y lo edité, insertándole de fondo unas melodías con frecuencias de "528Hz" y "432Hz". Unas simples melodías especializadas en energía positiva y sanación auditiva que encontré disponibles gratuitamente en YouTube.

Comencé a escuchar aquellos monólogos todos los días, antes de dormir y a la mañana siguiente. Sin darme cuenta, mis emociones fueron variando de manera positiva. Sentí una paz que jamás antes había experimentado. Con el transcurrir de los días, fui percibiendo que lo que había anotado se fue materializando frente a mí, como si al sanar mi interior esto se reflejara en mi exterior. Había descubierto, sin saberlo, una eficaz fórmula para manifestar.

Mis amigos se sorprendieron la primera vez que comencé a aplicar "Maestría Cuántica" con mis fórmulas de "manifestación consciente". Recuerdo que lo hice durante una situación muy puntual. En aquella ocasión los resultados no se hicieron esperar y fueron extremadamente evidentes.

Por ejemplo, aquella vez que, con mi amiga Verónica, visitamos la casa del matrimonio de Roxana y Daniel, sus mejores amigos. Ellos solían invitarla a pasar una divertida velada de juego junto a los padres, hermanos y amigos del matrimonio. Verónica me había contado que, durante los cuatro años que llevaba participando en aquellas lúdicas veladas, jamás había ganado un solo peso. Entre bromas, se lamentaba de su "mala suerte".

En la oportunidad, poco antes de viajar a la casa del carismático matrimonio, le conté acerca de mi técnica para conseguir los deseos más increíbles. Me preguntó si funcionaría con ella.

—Claro que sí. Puedo hacer que experimentes la sensación de ganar tu primer pozo de billetes —le dije con determinación.

Ella solo sonrió, desafiándome a evidenciar la veracidad de lo que con tanta convicción yo le aseguraba.

—¿Y qué tal si para creerte, esta noche de juego haces el experimento en vivo y en directo? —emplazó.

Esa noche llegamos a la casa del matrimonio. Había unas quince personas sentadas alrededor de una amplia mesa de comedor. Sobre esta, había abundante comida, vinos y postres. Después de la cena, comenzaron los preparativos para el juego.

—Generalmente, en la "pirinola" ("Toma todo", "Pon 1", "Pon 2", etc.), apostamos montos razonables. Siempre los premios se los lleva, Roxana. Tiene una suerte única —aseguró Verónica, susurrándome al oído.

—Tranquila, esta noche voy a hacer que ganes todo lo que quieras. Prepárate, es tu noche —dije con implacable convicción.

Ante el desencajo de los presentes, me reí a carcajadas, al ver la cara de sorpresa e incredulidad de Verónica, cuando fue su turno y, en su primer lanzamiento, se llevó todo el pozo de dinero que los participantes habían dejado sobre la mesa.

—Ha sido solo una buena y casual tirada —dijo escéptica.

En seguida, los concursantes repusimos el pozo. Ella volvió a lanzar y sin poder dar crédito a lo que veía, su buena suerte pareció no querer abandonarla.

—¡Verónica! ¿Qué te ocurre? Estás con mucha suerte esta noche, como nunca. ¿Acaso tras tu histórica mala suerte, hiciste algún pacto con el duende del juego? —exclamó uno de los asistentes, al ver que mi hermosa acompañante se estaba llevando todo el dinero. Esa larga noche, mi amiga fue la gran ganadora.

Repetimos el rito las tres siguientes veces que fuimos a

participar del recreativo evento, hasta que, completadas las tres demostraciones, decidí que había sido suficiente.

Lo mismo hice cuando a un numeroso grupo de "Telegram", de mi entonces partido político, al que pertenecía, se les ocurrió hacer apuestas durante el desarrollo del campeonato mundial de futbol de 2018. El juego perduró lo que tardan esos torneos. Para mí no fue gran sorpresa llevarme el premio mayor, ante la incredulidad de los participantes, porque para entonces el método lo tenía bien entrenado.

Sí, siempre tuve buena suerte en el amor, pero jamás, antes de recurrir a mi técnica, la tuve en el juego. Para mí, previo a mi descubrimiento, la frase: "buena suerte en el amor, mala en el juego", se cumplía cabalmente.

Así fue que comencé a enseñar la técnica a algunos de mis amigos y con el correr del tiempo, ellos mismos no daban crédito a los increíbles resultados que iban obteniendo en cada una de las instancias donde la aplicaban.

Un buen día, junto a mis padres y mi amiga, fuimos a jugar bingo al centro de reunión de una numerosa agrupación. Antes de comenzar el juego y sin que ellos sospecharan, una vez más, me di la tarea de iniciar el uso de mi magnífico método. Comencé a emplearlo en cada uno de los concursos donde mi gente apostaba. Cada uno de ellos, lucía desconcertado, al verse ganar premios con tanta facilidad.

Si deseaba que la mujer que me gustaba me escribiera, bastaba con aplicar la fórmula y pronto un mensaje de ella arribaba a mi móvil.

CAPÍTULO XV: ASPECTOS

Cada vez que tomas una decisión, estás alterando el rumbo del planeta. Rupert Sheldrake, un investigador de parapsicología, propuso la teoría de la "resonancia mórfica", un concepto que desafía todo lo que crees que sabes sobre el tiempo y el espacio.

Explica su teoría a través de los "campos mórficos". Estos funcionan como una red wifi cósmica que almacena patrones de comportamiento, emociones; también, pensamientos, y los conecta entre todos. Imagina una biblioteca invisible plagada de conocimiento que abarca a cada especie, cada átomo, incluso a cada hábito y pensamiento de cada persona, cada animal y cada planta de la Tierra.

Cada vez que alguien aprende algo nuevo, toma una decisión, o supera un miedo, está enviando ondas a través de este campo, haciendo que sea más fácil para alguien en cualquier lugar sentir o hacer lo mismo. Por ejemplo, cuando un pájaro aprende una nueva ruta migratoria, esa información se comparte en este campo. Entonces, otros pájaros, en partes distintas del mundo, pueden acceder a ella y aprender esa ruta más fácilmente.

Sin ir más lejos, se hizo un experimento con monos en las islas de Koshima, Japón, en los que uno de ellos aprendió a lavar su comida en el agua y pronto, esta práctica se extendió a otros monos en islas distantes, inexplicablemente y sin contacto físico. Muchos ya han tratado de desmitificar esta teoría, pero varios experimentos en física cuántica y estudios en psicología de masas han revelado fenómenos difíciles de comprender con los paradigmas reinantes. Algo alucinante que revela esta teoría es la afirmación de que cuando entras en estado de meditación profunda, podrías estar conectándote a esa red invisible que une a toda la humanidad.

En la novela "Proyecto Seven – en la búsqueda del gran portal", Jacobo Grinberg expone varios conceptos, pero es uno de ellos el que llama profundamente la atención. Tiene que ver con los viajes en el tiempo. Imagina que pudieras hacer lo que hacen en el libro y encontrarte con tu propia versión del futuro. Si, con esa que ya lo tiene todo. Aquel que logró el apartamento que quería tener en ese entonces, el mismo que ya estaba viviendo con la pareja de sus sueños.

Si, es razonable que no creas que es posible manifestar y que eso de conseguir todo lo que quieres es solo una utopía que con el tiempo algunos charlatanes han utilizado para embaucar a los ingenuos. Sin embargo, la información que sustenta al modelo de la manifestación es un hecho coherente y comprobado por la ciencia.

Entre las partículas subatómicas existen grandes espacios vacíos y, como cada componente de nuestra realidad, los humanos también estamos conformados por átomos. Esos espacios subatómicos son tan extensos entre partículas que, si los suprimiéramos, la Tierra podría ser del tamaño de una canica.

Pero, entonces, ¿qué somos en realidad? Toda nuestra actividad mental, emociones, sentimientos, conciencia y pensamientos, no son otra cosa que energía de alta frecuencia. Nuestro ser está compuesto de energía y tenemos un control sobre nuestra realidad que también está constituida de energía.

A lo que le das tu energía es aquello que se manifiesta en tu realidad. Por eso, es tan importante regresar a la conciencia y detenerte a observar qué estás pensando, a qué pensamientos les estás dedicando tu energía, qué estás visualizando, o de qué te estás preocupando. Estás pensando en todos los escenarios negativos que pueden suceder, en vez de poner toda tu energía en los mejores y más favorables escenarios.

Debes limpiar tu inconsciente para que este juegue a tu favor. Debes aprender a controlar tu energía y para eso debes prepararte bien. Por eso, la técnica de "circulación energética" es el primer paso.

Existen ciertas frecuencias, con una estructura específica a través de la cual puedes controlar tu energía y canalizarla para dirigirla a la creación de aquellas cosas y escenarios que quieres ver en tu realidad perceptual.

La mente inconsciente es muy poderosa. Existen miles de casos donde lo imposible se hace posible. El caso del doctor Joe Dispenza es extraordinario y muy difícil de creer, salvo porque su caso ha sido, con evidencia, un verdadero milagro.

En 1986, el facultativo fue arrollado durante una competencia de triatlón. Cuenta que, hasta hoy, no tiene ninguna noción acerca de los detalles de su trágico accidente. Relata que cuando despertó, los médicos le dijeron que su columna vertebral había sido severamente dañada, al punto de dejarlo parapléjico, por lo que la única alternativa era apostar por una cirugía invasiva.

Joe tenía un acabado conocimiento en neurociencia y se negó a la operación. En cambio, decidió hacer un experimento. Se preguntó si el cerebro sería capaz de aprender cosas nuevas mediante la repetición y la práctica. Era su oportunidad para probar una teoría que hace tiempo venía madurando. ¿Por qué no podría enseñarle a su cuerpo a sanarse a sí mismo? Joe se obsesionó con la idea, dedicando infinitas horas a visualizar su columna vertebral inmersa en un constante proceso de sanación.

Luego de transcurridas varias semanas de intensa visualización, sumada a varias horas diarias de meditación, el doctor Joe comenzó a notar cambios y, contra cualquier pronóstico médico, volvió a caminar sin haber recurrido a la cirugía. Lo que para muchos podría parecer un milagro, para él fue ciencia cuántica. Inspirado en su propia experiencia, Joe Dispenza se sumergió en profundos estudios que hablaban acerca de cómo el cerebro podía enseñar al cuerpo la manera de sanarse a sí mismo.

Dedicó tiempo indeterminado a estudiar la forma de poder usar la mente para influir en el cuerpo, derribando limitaciones y llegando más allá de lo que esperaba. Encontró el secreto de cómo nuestra mente puede influir en la creación consciente de nuestra realidad.

La mente y el cuerpo están intrínsecamente conectados y, por ende, podemos influir de forma directa en la creación consciente de nuestra realidad a través del pensamiento consciente.

Aunque tus ojos no puedan verla, la energía es una realidad. Y tú la estás emitiendo todo el tiempo. De hecho, lo que llamamos materia no es más que movimientos vibratorios en el espacio.

El universo tiene una vibración atómica. Todo en él se mueve, vibra y circula en distintas frecuencias que se entrelazan entre sí. Los elementos que componen la realidad perceptual vibran. Tú vibras, pues estás formado de átomos y moléculas que responden a la energía.

Imagina que somos como una radio antigua, de esas que tienen una perilla que sirve para sintonizar y encontrar una frecuencia específica que te lleva hacia una radioemisora. Cada estación de radio transmite en una frecuencia distinta y si no está sintonizada adecuadamente, solo oirás un ruido molesto. Einstein decía: "Si estás igual a la frecuencia de la realidad que deseas, no podrás evitar obtener esa realidad".

En otras palabras, si tu sueño fuera ser magnate, pero tú estás vibrando en una frecuencia de duda, miedo al dinero, escasez y creencias reductivas, sobre tu propia capacidad de crear un escenario de abundancia, entonces es como si tu frecuencia estuviera sintonizada en una distinta a la de una persona que ya tiene un millón de dólares en su cuenta.

Las buenas vibraciones atraen buenas cosas y es por eso que, por ejemplo, estar saludable te hace sentir como si estuvieras impregnado de energía. Entonces, si consigues sentirte energizado, esto podría llevarte a una mejor salud. Apuntar a una actitud positiva puede fortalecer tu sistema inmunológico y promover así una recuperación más rápida a las enfermedades.

Si estar en pareja te hace sentir amado, significa que podrías comenzar por amarte a ti mismo, esto te ayudaría a conseguir relaciones mucho más saludables, profundas e importantes en tu vida. La energía que tú estás proyectando origina los escenarios que resuenan con esa frecuencia.

Cual sea el pensamiento que tengas, recuerda que cambian los sentimientos dentro de ti. El sentimiento crea una acción y las acciones modifican el maquillaje de tu destino. Cambiar un pensamiento puede parecer insignificante, pero si este cambia tus sentimientos, traerá una nueva acción, distorsionando el cosmético de tu destino.

Todo lo que sucede a tu alrededor es un reflejo de ti mismo. Si, porque cuando decides conscientemente cambiar tu estado de ánimo, tus emociones, controlar tu mente, entonces puedes reflejar cosas asombrosas a tu alrededor, funcionando de manera increíble.

Tomar el control de tu mente para, entre otros, no caer en el pensamiento colectivo, que te hace someter a la voluntad de sus cánones y preceptos, es una buena idea.

¿Cuántas decisiones estás tomando en tu vida solo por ser aceptado en la sociedad? En los años cincuenta, el científico Solomon Asch, comprobó algo sorprendente sobre nuestra naturaleza humana. Hizo un curioso experimento donde a los participantes se les mostraron tarjetas con líneas de diferentes longitudes y se les pidió que identificaran la línea más larga, pero los integrantes no sabían que había un pequeño engaño.

La mayoría de los participantes eran actores, todos menos uno. En la prueba solo había un implicado genuino y los actores tenían como instrucción responder siempre con la respuesta incorrecta. A pesar de constatar claramente la respuesta correcta, tres de cada cuatro participantes se conformaron, al menos una vez, con la respuesta incorrecta del resto del grupo, aun sabiendo, ese único competidor, que los demás estaban equivocados. Y, aunque se lea incoherente, ese comportamiento anómalo, muchísima gente lo hace en distintos escenarios de su diario vivir. Este es un problema un poco más sencillo de lo que parece. Es el error de no saber escuchar a tu intuición. Y más allá de no guiarte por tu intuición, de no seguir las órdenes que ella te da.

Existen personas enredadas en una relación en la cual no se sienten convencidas. Muchas personas insisten en vivir inmersas en vidas, en las que no se sienten cómodas, y solo lo hacen para sentir que la sociedad que les rodea les acepta.

CAPÍTULO XVI: MEDITACIÓN, INTUICIÓN Y GRATITUD

Aprender a meditar puede cambiar tu vida de manera radical. Como te lo expuse en capítulos anteriores, la meditación no solo te ayudará a conseguir un mejor estado de ánimo. También, podrás comenzar a entrenar tu mente para los pasos que deberás dar en el ámbito de la manifestación. La meditación puede curar tus afecciones, por muy complejas que parezcan.

Existen varios deportistas de élite en el mundo a los que la meditación les cambió la vida. Es el caso de boxeadores de primer nivel mundial, quienes atribuyen a la meditación, más que al entrenamiento físico, el éxito en sus intensas peleas.

Lo más probable es que meditar te resulte una práctica aburrida e innecesaria. No obstante, debes saber que los grandes maestros filósofos de la historia, tuvieron el hábito de la meditación.

Quizá al comienzo sentirás que no es un hábito práctico para ti. Pero si acudes a un poco de disciplina, lograrás dominarla y comprobarás su efectividad. Medita por horas y de forma intencionada, pues solo así te convertirás en un observador consciente de la realidad, requisito base para lo que significará, hacerte más adelante de la "Maestría Cuántica".

Dentro del proceso de meditación, aprendes a controlar lo que la mente, por lo general, te impide hacer, que es, eliminar los pensamientos negativos. Tu cerebro no distingue entre lo que imaginas y lo que vives. Cuando imaginas algo con suficiente detalle y emoción, tu cerebro cree que es real. Esto no sólo modifica tu estado de ánimo, sino que puede llegar a alterar tus decisiones y acciones de manera diaria.

Durante la meditación puedes administrar todos los pasajes por los que transita tu mente. En ese instante de profunda reflexión y ensimismamiento, darás los primeros pasos para hablarle de "tú a tú" a tu mente. Más tarde, con técnicas de reprogramación de "Maestría Cuántica", como la que te describiré más adelante, podrás grabar nuevos conceptos y reprogramar otros, utilizando palabras sencillas y habituales que te ayudarán en el proceso.

La meditación consiste en construir energía interna y una de las herramientas para hacerlo son las palabras. Las palabras intencionadas crean realidades. Por ejemplo, la palabra "gracias" intencionada guarda un poder único. Investigaciones en el campo de la psicología y la neurociencia han descubierto cómo la práctica de la gratitud no sólo mejora tu vida, sino que tiene cambios físicos en tu cerebro. Un estudio realizado por investigadores en la Universidad de California Davis, mostró que las personas que llevaban regularmente un diario de gratitud experimentaban mejoras significativas en sus vidas, física y emocionalmente.

A diferencia de quienes no la practicaban, estas personas reportaban menos dolores físicos, más energía para hacer ejercicio y mayor optimismo sobre su vida futura. Cada vez que aplicas gratitud robusteces las rutas neuronales que ayudan a sentirte mejor, incrementando así tu capacidad de apreciar lo bueno en tu vida, incluso en situaciones complejas. Estudios de neuroimagen han demostrado que la gratitud activa partes del cerebro asociadas con la liberación de neurotransmisores como la serotonina y la dopamina, conocidos también como los químicos de la felicidad.

La gratitud, entonces, se vuelve una herramienta poderosa cuando se trata de cambiar tu realidad, y es que cuando enfocas tu energía y atención en lo que tienes, no así en lo que no posees, fomentas una vibración de abundancia. Cuando vibras en esa frecuencia, atraes y reflejas esa misma abundancia en el exterior. Por eso, es importante que filtres muy bien los pensamientos que permitirás transitar por tu mente. Debes impedir que pensamientos negativos provenientes de una mentalidad de escasez te aborden.

Debes comenzar a escuchar a tu intuición. Esta es el verdadero camino a tu verdad, porque nadie más que tú, sabe cuál es la verdad que estás buscando en tu interior.

Tu verdad no está en la opinión del resto. Tampoco en los gustos de alguien más, menos en un consejo ajeno. Tú sabes que está en tu propia intuición, esa voz interna que te dice qué decisión tomar conforme a tus intereses. Desarrollar la habilidad de comunicarte con tu voz interior es un camino que también debes emprender.

La intuición puede ser tu gran aliada, pero si no recurres a ella, estarás desperdiciando el uso de una de las herramientas sensoriales más certeras que existe. Cuando piensas en alguien que no ves hace mucho tiempo, un amigo o un familiar, después de pensarlo durante minutos o segundos, al instante, o en un par de días, te llama. O como cuando tienes problemas financieros y no tienes idea acerca de cómo harás para pagar las cuentas y, de pronto, recibes dinero inesperado. Te pagan una deuda, te llega una oportunidad que no habías previsto, te dan una herencia, etc.

¿Por qué ocurren tamañas coincidencias? Tiene que ver con el campo cuántico o "Lattice". Cuanto más fuerte sea la emoción que sentimos, cuando se nos presenta un problema en nuestro mundo exterior, naturalmente, le prestamos mayor atención. Por ejemplo, si alguien importante para ti estuviera en grave peligro, tu mente estaría concentrada en esa persona. Y, mientras más pendiente esté nuestra mente reaccionando a estos problemas, más capturados nos tendrán, poblando el presente de frustración, enojo y miedo.

Los principales consumidores de nuestras energías son los problemas cotidianos. Es por eso que la mayoría de la gente pareciera permanecer en constante sueño. Esto, dado que, para ellas, no queda ningún espacio disponible para elevar la conciencia, lo que les permitiría sintonizar con nuevas y positivas situaciones.

Además, la gran mayoría suele sintonizar con pensamientos y sentimientos ligados a recuerdos del pasado, sumergidos en los miedos, haciéndolos repasar una y otra vez.

Cada pensamiento tiene una frecuencia y cada frecuencia

tiene un sentimiento. De ahí la importancia de encontrar una puerta al "campo cuántico", un mecanismo a través del cual, puedas cambiar tu realidad de manera consciente. Una fórmula mediante la cual puedas entrar en un estado de paz profundo, destruyendo los obstáculos entre el consciente y el inconsciente, desinstalando creencias reductivas, reemplazándolas por otras positivas y beneficiosas para ti.

Dicen que los problemas enferman a la gente. En realidad, es tu mente la que genera esos problemas. Está comprobado que tu cerebro puede decidir enfermarse.

Hicieron un experimento con dos grupos de participantes. A ambos grupos se les administró un tratamiento inocuo, es decir, un placebo. A uno de los grupos se les informó que este fármaco les podía causar efectos secundarios, como dolores de cabeza y náuseas. Al otro grupo no se les mencionó nada sobre ningún efecto secundario. Es probable que ya imagines lo que aconteció.

El grupo que no recibió información sobre posibles contraindicaciones, no mostró ningún síntoma y una vez que concluyó su participación, se fueron sin problemas a sus casas. Esto, contrario a los otros implicados que presentaron fuertes deseos de vomitar y malestares de todo tipo, aunque ninguno de los dos grupos había recibido ningún medicamento real.

Es decir, cuando la mente espera síntomas negativos, el cuerpo responde, aun si no hay ningún estímulo real. El poder de la sugestión negativa puede ser tan fuerte que podría provocar síntomas físicos.

Ahora extrapola el ejemplo anterior y trasládalo a tu realidad. ¿Qué sucede si lo que piensas a diario son cosas tales como, no me sale, no puedo, voy a fracasar, no sirvo? Cual sea el pensamiento que tienes en este momento acerca de tu propia vida, las creencias que te estás repitiendo en este preciso momento en tu cabeza, son la semilla de la situación que vivirás en el futuro de corto, mediano o largo plazo. Y, ahora mismo, sin ser consciente, estás viviendo el futuro proveniente de la semilla que sembraste ayer.

Llegarás a un punto en tu vida donde abrirás los ojos a esta realidad, tomando consciencia de que lo que sea que pienses se hará real. Por lo que debes preguntarte a ti mismo, ¿qué tan demencial está la idea que estoy pensando? ¿Qué tal si yo puedo hacer lo que quiera? ¿Qué tal si soy capaz de hacer lo que sea? ¿Qué tal si puedo ser un triunfador? ¿Qué tal si puedo sobresalir sin culpa alguna?

Escribe en un cuadernillo lo que quieres ser y lo que deseas que ocurra. Después guarda ese libro de notas y espera a que suceda. Diseñando con letras y expresando con palabras, manifestarás la vida que quieres experimentar en tu realidad. Según la ciencia, las palabras pueden cambiar tu ADN. Aplica determinación, convicción y seguridad en ellas, junto a una vibración alta. Comprobarás que, con certeza en tu corazón, podrás afirmar las cosas antes de que sucedan. Ese es el verdadero secreto de una manifestación efectiva.

¿Cómo te comportarías hoy si eso que tanto quieres ya se tratara de una realidad? Debes tener en cuenta que no es solo decir: "bueno, me autosugestiono y ya". Como dije antes, debes reprogramar estas creencias reductivas inconscientes.

Recuerda que, escribiendo tus deseos, leyéndolos y escuchándolos, conseguirás introducir e instalar por persistencia, nuevas creencias en tu inconsciente. Tu labor será recordarlo a tu cerebro para que no lo olvide y para eso usarás tu libro de notas.

Si deseas obtener éxito material, debes recordar que, la secuencia: dinero, fama y felicidad, no funciona así. Primero encuentras tu felicidad, tu paz interna y después esta se reflejará en tu exterior.

La mente inconsciente es tan manipulable que, a lo largo de los años, los científicos han realizado incontables experimentos que demuestran lo influenciable que puede llegar a ser.

Richard Weisman, un psicólogo y profesor de la Universidad de Hertfordshire, experimentó con la mente de algunos de sus alumnos sin que ellos lo supieran. Llevó a cabo una prueba en la que reunió a un grupo de estudiantes y les ofreció alcohol gratis. Les explicó que estaban haciendo un experimento para evaluar la autoconfianza que les podía otorgar el hecho de beber unas cuantas copas. Sin que ellos lo sospecharan, los dividió en dos grupos.

Momentos más tarde, los participantes creían que estaban ingiriendo grandes cantidades de alcohol. Discretamente, al primer grupo se le proveyeron bebidas que parecían, sabían y olían a alcohol, pero en realidad no contenían alcohol de ningún tipo. Como parte de la prueba, se les aplicaron test para ver si podían recordar números y caminar sobre una línea recta.

Lo increíble es que, durante el experimento, los especialistas no constataron ninguna diferencia entre unos y otros. Todos los participantes se comportaron igual de eufóricos, aunque químicamente no estaban igual de ebrios. Uno de los grupos no había consumido ni una sola gota de alcohol.

Entonces, la pregunta aquí es: ¿por qué? ¿Acaso podemos engañar a nuestro cerebro para hacerlo sentir algo que realmente no ocurrió? Como ya hemos dicho, por supuesto que es posible. Cuando te describen la sensación de succionar un limón, se te hace agua la boca. Es uno de los timos cerebrales más sencillos que existe.

Significa que podemos engañar al inconsciente y, como este es el responsable de crear nuestra realidad perceptual, es posible crear nuestra propia paz y los sueños más grandes que queramos cumplir.

Si las personas del experimento de Weisman, pudieron sentirse ebrias, sin estarlo, tan solo persuadiendo a su cerebro de que habían consumido alcohol, entonces, ¿por qué no podríamos convencernos a nosotros mismos de que ya hemos conseguido todo para sentir seguridad, paz, tranquilidad y actuar como queremos?

CAPÍTULO XVII: OBSERVACIÓN Y CAMBIO DE REALIDAD

Existe más de un experimento en el que se ha demostrado que la observación puede cambiar la realidad. En ese marco, la observación de tu conciencia tiene un efecto en la materia y, por ende, en tu realidad perceptual.

Los científicos Pierre Agostini, Ferenc Krautz y Anne Julliet ganaron el premio Nobel de física en el 2023, gracias al estudio de los pulsos de luz en "atosegundos".

Un "atosegundo" corresponde a una fracción de tiempo tan pequeña, que solo en un segundo caben tantos "atosegundos" como número de segundos contados desde el inicio del Big Bang. Un "atosegundo" es la milmillonésima parte de una milmillonésima de segundos. Pierre, Ferenc y Anne consiguieron producir pulsos de luz tan fugases en el tiempo, medidos en "atosegundos", que pueden entregar imágenes nítidas de los procesos que se desarrollan dentro de los átomos y las moléculas, que es de lo que está compuesto el 99% de la realidad.

El complejo estudio reveló que los electrones son los principales encargados de las propiedades químicas de los átomos y, por tanto, de la materia. Al utilizar pulsos de luz de "atosegundos", los científicos pueden observar y controlar los movimientos de los electrones en tiempo real. Esto comprende una manipulación estrecha de las propiedades químicas y físicas de la materia en su nivel más elemental.

Las pruebas desvelan que la luz y la materia pueden exhibir características tanto de partículas como de ondas. Lo determinante en este descubrimiento es que la observación del experimento altera el resultado, demostrando cómo nuestras acciones de observación, así como nuestra conciencia, pueden literalmente variar el estado de la materia. Lo que nos traslada a otro punto del vertiginoso avance en los descubrimientos humanos. Es decir, ya no se trata de filosofía con componentes etéreos, sino de física cuántica que nos expone nuevos paradigmas, valiéndose de suficiente evidencia.

En resumen, lo que estos científicos desvelaron es que, a nivel subatómico, podemos variar el comportamiento de la materia tan solo recurriendo a la observación.

Esta información te invita a cuestionar la forma que estás dando a tus pensamientos, ya que, dependiendo de la mirada que les des, será el tipo de morfología que tomará la materia que se expresa a tu alrededor. No son tus pensamientos conscientes los que crean tu realidad, sino los inconscientes. Si quieres dominar tu realidad perceptual, debes aprender a tomar el control de tu inconsciente, modificando, antes que todo, tus creencias.

Seguramente, esos cambios que deseas hacer en tu vida, son parte de una búsqueda de lo que te han contado es el concepto de la felicidad. Sin embargo, debes saber que esta es un proceso más profundo, proviene desde adentro de ti y no desde afuera.

¿Por qué buscar afuera, lo que tienes en tu interior? Sueles tener miedo a ver eso que tienes adentro porque aparenta estar vacío. No obstante, ese vacío es paz con apariencia de vacío.

Todo va a depender de la forma que le des a tus pensamientos. Siempre hay diversas ópticas, miradas o dimensiones. Este universo, por ejemplo, tiene más dimensiones de las que podemos entender. Estas dimensiones son la puerta para comprender cómo tu conciencia influye en la materia.

En 1919 el temático Theodore Kalusa propuso una teoría revolucionaria, asociada a la existencia de una quinta dimensión. Pero, ¿cómo es posible explicarla? Imagina una caja larga, ancha y alta. Así son las tres dimensiones conocidas y en las que está nuestra existencia. Es decir, hacia adelante, hacia atrás, hacia los lados, hacia arriba y hacia abajo.

Aparte de esos atributos de longitud, también tenemos como variable, el tiempo, que sería como decir cuánto tardas en correr de un lado de la caja al otro. Con eso ya tienes cuatro dimensiones. Bueno, ahora debes saber que existe una quinta dimensión que no podemos ver ni tocar. Sería algo así como un escondite secreto dentro de la misma caja.

Esto no termina aquí, ya que después de la quinta dimensión, vendrían infinitas dimensiones, escondidas en la caja. La única restricción para poder verlas, son nuestros sentidos. Lamentablemente, sólo tenemos cinco sentidos para percibir una realidad infinita.

Para una mejor comprensión del concepto, imagina que dentro de la caja hay una línea muy delgada, casi invisible. Esa línea es tan pequeña y está tan escondida que no la puedes ver, pero existe y está ahí. Theodore Kalusa y Oscar Klein pensaron en esta línea secreta hace mucho tiempo. Ellos concluyeron que, si conseguíamos interactuar con esta ínfima línea, podríamos comprender cómo funciona el universo. Por ejemplo, la gravedad o la luz. Kalusa y Klein, entendieron que, al interactuar con estas dimensiones, podemos distorsionar nuestra propia realidad. Cuando logras controlar tu inconsciente, eres capaz de interactuar con esa delgada línea.

Si estás enfermo o preso de alguna afección producto de estar viviendo una vida que no te gusta, debes tomar una decisión. Existe una dimensión más allá de tu entendimiento, una dentro de infinitas, donde la posibilidad de que todo lo que te propusiste te sale como quieres.

Debes dejar de ver la realidad como una sola posibilidad, sino como infinitas posibilidades. Y dentro de estas elige siempre aquella que quieres vivir. Deja de vivir preso de aquellas dimensiones mentales donde las cosas no te resultan e invierte tus polos de consciencia para que todo lo que quieras te salga bien. Descífralo y descríbelo con precisión quirúrgica.

Uno de los vocalistas más carismáticos de la historia del pop-rock se llama, Chris Martin y es de la banda Coldplay. En una de sus entrevistas aseguró que, en 1998, él predijo su futuro. Visualizó el éxito mucho antes de que la legendaria agrupación se convirtiera en un fenómeno planetario.

Desde un comienzo, Chris tuvo una visión clara para su futuro, incluso, desde sus días como universitario, él visualizaba estadios repletos junto a millones de fans vitoreando sus canciones. Según relató, aquello inició como un sueño que quiso abordarlo con mucha seriedad.

Pero, no se quedó solo en eso, del sueño pasó a la planificación. Chris Martin ha dicho en varias ocasiones cómo visualizaba sus conciertos antes de que se materializaran. Su caso es un vivo testimonio de que la "Maestría Cuántica" es una realidad.

Su método lo llevó al éxito y fama mundial. Es indudable que pensarás que, en tu caso, el camino no será tan fácil y que el tipo tuvo suerte. Cuando remites todo a tu suerte, estás impulsando energías reductivas, delegando tu poder a otros. Así, lo más probable es que caigas en la idea de victimizarte en función de un ingrato destino.

Recuerda que tus pensamientos crean tu realidad y los más determinantes, son aquellos del inconsciente. Estos, son responsables de más del 80% de tus decisiones diarias. Por eso, tus mayores inconvenientes, no tienen que ver con tus decisiones conscientes, sino con las inconscientes. De ahí lo crítico que llega a ser encargarse de revisar y corregir, aquellos pensamientos que no controlas, pero que son trascendentales para el éxito en tu vida.

Bruce Lipton, un biólogo celular estadounidense, demostró que cualquier imagen que tengas en tu mente es traducida químicamente por el cerebro. Si ves la fotografía de alguien a quien amas, tu cerebro producirá químicos maravillosos en tu sangre. Esta sustancia se llama, dopamina. Es la responsable del placer y la oxitocina, una hormona que fomenta el crecimiento del cuerpo. Así que, por ejemplo, cuando te enamoras, estás emitiendo esta hormona que enriquece tu vitalidad. Esa es la razón por la que, cuando te enamoras, tu ánimo mejora y luces más sano. Es porque estos poderosos químicos están fluyendo en tu sangre. Pero, al contrario, ¿qué te sucede cuando ves una fotografía de algo desagradable? Secretas hormonas de estrés y sustancias que afectan negativamente a tu sistema inmune. Estos son químicos diametralmente opuestos.

Entonces, si quisieras cambiar tus genes, ¿tendrías que acudir a algún lugar para modificar tus células? No, basta con variar un solo pensamiento. Es todo lo que tienes que hacer, según Bruce Lipton, autor del bestseller "La biología de la creencia".

Ahora, bien, si esa reacción química sucede cuando observas una fotografía, ¿qué acontece contigo y los químicos de tu cuerpo cuando lo remites de manera constante a pensamientos negativos? ¿Cuánto crees que tus pensamientos están impactando en tu salud? No hay que ser un especialista para deducir que las sensaciones que percibe tu cuerpo, provocan cambios importantes en él.

Entonces, sería una muy buena práctica programar tu mente para que, al comenzar el día, transmita buenas sensaciones a tu cuerpo, a través de buenos pensamientos. Así, generarle químicos que le aporten en la producción de energía positiva.

CAPÍTULO XVIII: MAESTRÍA CUÁNTICA - ANÁLISIS

Si todo es energía y esta se divide en positiva y negativa, entonces: ¿cómo se traduce eso en tu diario vivir? ¿A qué conceptos psicológicos puedes asociarlo? Positivo, significa que es bueno y que todo lo que provenga de allí es satisfacción y bienestar. Sin embargo, sigue siendo un planteamiento subjetivo. Lo que es "positivo" para ti, no necesariamente lo es para los demás.

En el polo opuesto, "negativo", es lo malo. Por tanto, todo lo que provenga de él será dañino e insatisfactorio para ti. Por ejemplo, el ego negativo y el miedo, pueden ser conceptos indeseados según el contexto. El ego negativo es un exceso de autoestima, mientras que el miedo es un riesgo latente a un daño real o imaginario. Riesgo, por su parte, es un evento o circunstancia que puede o no ocurrir en un futuro y que, eventualmente, puede convertirse en un problema.

Desde la óptica terrenal, sentir miedo nos puede proteger de un posible daño, siempre y cuando, el acontecimiento no esté marcado como hoja de ruta de nuestro destino. Recordemos que el destino existe, está previamente trazado y lo único que podemos variar es su maquillaje.

Por su parte, el miedo es un componente del instinto de supervivencia. Se activa ante la posibilidad de enfrentarnos a nuestro fin, ya sea, por asuntos externos o internos. No obstante, desde la dimensión espiritual, el miedo es un sinsentido en sí mismo, ya que, en la dimensión de los espíritus, las sensaciones corpóreas no tienen asidero.

El ego negativo y el miedo son los principales enemigos de la manifestación efectiva y la consciencia libre. De ahí la importancia de erradicarlos del inconsciente, pues son energías desfavorables que nos hacen generar sensaciones infelices, las que repercuten negativamente en los resultados de cualquier iniciativa que queramos empujar.

Cuando hablamos de la acción de manifestar, el miedo es un factor contraproducente. Los seres humanos somos manifestadores por esencia, dioses creadores. Pero, pudiendo manifestar escenarios y cosas positivas para nosotros, la mayoría de las veces solemos errar el camino, creando todo lo contrario. Eventos negativos y perjudiciales que, desde la óptica terrenal, detienen nuestro avance.

Cada uno de las situaciones que vivimos a diario, corresponden a nuestras manifestaciones, ya sean, conscientes o inconscientes, negativas o positivas. Las "manifestaciones inconscientes" obedecen y se ajustan a nuestras creencias. Por eso, alguien despojado del control de su inconsciente, tiene altas probabilidades de ser víctima de sus creencias negativas, en consecuencia, de una realidad perceptual desventajosa e indeseada.

Como primer punto de estudio, ¿dónde debiéramos focalizarnos para conseguir un control total de nuestras manifestaciones? Evidentemente, en el inconsciente, pues es el responsable de definir la arquitectura de nuestra realidad, mediante la alteración antojadiza de la "Lattice" o campo cuántico.

Es en el inconsciente donde se encuentran almacenadas y programadas nuestras más profundas creencias y también nuestros principales miedos. Ahora bien, en términos simples, ¿qué es el inconsciente? Podríamos decir que es un sector de nuestra consciencia, en el que tenemos implantados los conceptos más recónditos del espectro espiritual y terrenal y, sobre los cuales, la mayoría de las personas no tiene ningún tipo de control.

Pero, ¿cómo podemos llegar a él y erradicar sus premisas más reductivas? Si revisamos la información disponible, nos daremos cuenta de que es un segmento al que solo es posible acceder, por medio de tres mecanismos:

1. Meditación (hipnosis, como alternativa).

2. Sueño.

3. Hábito.

Los tres conceptos anteriores comparten un mínimo como un denominador y es que: "los tres tienen que ver con la focalización de la atención en un punto o cosa específica sobre un contexto determinado".

La meditación suele concentrarse en la respiración. Por su parte, el sueño, lo hace en los sucesos externos que más nos pudieron haber afectado durante un lapso de tiempo. Y, finalmente, la acción repetitiva y constante de un comportamiento, termina convirtiéndose en hábito.

Muchas veces nos sucede que realizamos una acción sin tener plena consciencia. Por ejemplo, a veces vamos caminando por la calle concentrados en la pantalla de nuestro móvil. De pronto, recobramos la consciencia perimetral y nos damos cuenta de que hemos avanzado un par de cuadras, ignorando la forma en que lo hicimos. Incluso, hemos cruzado calles transitadas, o virado en una esquina sin siquiera haber percibido el trayecto. La pregunta es: ¿quién comandó nuestros pies mientras nos desplazábamos, llevándonos al destino indicado, sin el permiso de nuestra consciencia? Algunos le llaman "piloto automático", que se refiere a ese acto de realizar actividades sin tener plena consciencia de las acciones que las componen. El responsable de tan arriesgada osadía se llama, inconsciente.

Bien, en términos coloquiales, el inconsciente es ese enanito de la mente que es capaz de comunicarle al campo cuántico: "qué, quien, cuando, dónde y cómo", debe ser la arquitectura del escenario exterior. Al campo cuántico, Jacobo Grinberg le llamó, "Lattice".

Según el famoso científico mexicano, neurofisiólogo desaparecido en diciembre de 1994, la "Lattice" es una especie de enrejado energético, susceptible a las órdenes del inconsciente humano. Por lo tanto, este puede construir en ella todas las realidades que le apetezcan, tan solo con imaginarlas.

Para lo anterior, la consciencia debe ser capaz de generar un canal comunicacional con el inconsciente. En esa virtuosa conexión se debe producir un entendimiento mutuo que derive en la instalación de instrucciones precisas que puedan ser transmitidas mediante:

1. Imaginación.

2. Intención.

3. Foco.

4. Ejecución.

Es necesaria la imaginación, porque antes de convertir el deseo en una realidad exterior, debe ser imaginado. Esto, para proporcionar al inconsciente, la mayor cantidad de información detallada posible. Una vez que se tiene correctamente configurado el deseo, se debe aplicar la intención, es decir, hacer que se mueva, interactúe y haga lo que necesitamos. Acto seguido, poner sobre él, el foco de atención mental, que se traduce en la inyección de nuestra energía. Y la ejecución: visual, auditiva y táctil, actuar en concordancia con el deseo.

La conjunción y sinergia de los cuatro puntos antes descritos, debe ser acompañada de profundos sentimientos de determinación, convicción y seguridad (ver capítulo de "circulación energética"), envolviéndolos en una vibración alta.

Finalmente, la instrucción de "Maestría Cuántica" con el escenario virtual creado, debe ser expulsada de la mente consciente del manifestante o "maestro cuántico", soltando y desprendiéndose del control del pensamiento en cuestión, por consiguiente, de la energía empleada durante su concepción. Todo, con el propósito de que ahora sea el inconsciente quien se haga del control e instruya de inmediato a la "Lattice" para su materialización. En efecto, el resultado de lo que veamos en nuestra realidad perceptual, siempre va a depender de lo que interprete nuestro inconsciente. Si la información entregada no es adecuada, el resultado será parcial o lisa y llanamente nulo.

Según Grinberg, en la estrecha relación de nuestro inconsciente con la "Lattice", se produce una serie de procesos complejos, donde el primero, siempre interviene al segundo. Es como si nos pusieran un chip cerebral y únicamente, dándole instrucciones a este, conectara con nuestra computadora para ordenarle hacer tareas específicas.

En definitiva, es el inconsciente el que guarda nuestras creencias reductivas y nuestros mayores sentimientos de miedo. El campo cuántico o "Lattice" es quien recibe como instrucción la configuración de la arquitectura de nuestra realidad perceptual, basada en las instrucciones que nuestro inconsciente le proporciona. Por eso, a mayor control de nuestro inconsciente, mayor capacidad de manifestar con efectividad y eficacia.

El alcance de nuestro poder manifestador no tiene límite, pero siempre dependerá del nivel de voluntad, vibración, determinación, convicción y seguridad que tengamos para cambiar nuestra restringida mentalidad, influenciada por las premisas inculcadas a través de los preceptos del sistema.

En resumen, el algoritmo preliminar para iniciar el proyecto de transformación hacia un "maestro cuántico", sería el siguiente:

1. Realizar el diagnóstico para determinar el rango de estado de consciencia donde nos encontramos.

2. Si no tenemos seguridad del nivel actual, volver al punto uno.
   —Ejercicio de la moneda.
   —Manifestación inversa o repulsión.

3. Tomar conciencia del poder de la mente.
   —Revisar las creencias y miedos.
   —Comprobar hábitos.

4. Buscar métodos de meditación y mediante estos, comenzar a entrenar la mente.
   —Aprender a respirar.
   —Abstraerse del contexto exterior.

5. Mientras no tengamos un nivel de meditación aceptable volver al punto cuatro.

6. Fin primera aproximación.

A pesar de intentarlo de todas las maneras posibles, la incapacidad de manifestar de la mayoría de las personas, está relacionada con la imposibilidad de mitigar sus creencias reductivas, dominar el ego negativo y el miedo arraigado en sus inconscientes.

Por esa razón, mientras no recurras a un entrenamiento mental sistemático y disciplinado, cuyos primeros resultados, por lo general, tardan en promedio un año, tus manifestaciones serán improbables, ocasionales o fortuitas.

Debes estar seguro de que, una vez que consigas dominar las técnicas, como todas, no olvidarás jamás la forma de utilizarlas, porque, como cada hábito, sus pautas se almacenan en tu inconsciente.

Por otro lado, cambiar los conceptos estándares y, por tanto, la mentalidad, no es una tarea instantánea ni menos sencilla. Como dije antes, los programas y algoritmos insertos en nuestro inconsciente, solo pueden ser reemplazados o erradicados mediante su reprogramación. Esa es la importancia de encontrar fórmulas que, en su primera fase, inicien el proceso poniendo énfasis en un entrenamiento que te prepare para la toma de control de tu mente. Recién, cuando hayamos logrado ese primer paso, podremos abordar el más esquivo, que es hacernos cargo del inconsciente y su reprogramación.

Los alcances de dicha reprogramación son infinitos y van desde la capacidad de memorizar enormes cantidades de información, hasta deformar la "Lattice" para cambiar realidades en el menor tiempo posible.

CAPÍTULO XIX: MAESTRÍA CUÁNTICA - DISEÑO

La "Maestría Cuántica" consiste en manifestar cualquier deseo o requerimiento, con un alto porcentaje de efectividad, recurriendo a un algoritmo mental que te permitirá establecer los pasos precisos para dar con el método de manifestación más adecuado a tu nivel de consciencia.

Una vez que logras determinar su mecanismo personalizado, podrás avanzar a la siguiente etapa, vale decir, al entrenamiento persistente que te hará convertir en un "maestro cuántico". Este adjetivo se refiere a aquella persona que logra manifestar el 100% de sus deseos. Las personas que han llegado a este nivel de consciencia, cuentan con las siguientes características o atributos:

1. Son personas altruistas y generosas.

2. Se respetan a sí mismos y a los demás, sin juzgarles.

3. Priorizan el espíritu antes que a la materia.

4. No temen a la muerte ni a la forma en que la experimentarán.

5. Respetan al ecosistema y a los animales que lo componen.

6. No saben de ego negativo, creencias reductivas o envidias.

7. Siempre están en armonía, gracias a su alto nivel vibracional.

El algoritmo de la "Maestría Cuántica" tiene su desarrollo formal en el año 2005, cuando inmerso en una depresión severa, comienzan a sucederme una serie de eventos paranormales. Por cierto, a lo largo de mi vida he sido testigo de varios acontecimientos que, en la mente de alguien racional, difícilmente podrían tener asidero. Sin embargo, negarme a aceptar la existencia de los seres que vi y renegar de todo lo vivido en aquel entonces, sería traicionarme. No solo a mí mismo, sino también a las mentes de quienes, junto a mí, también fueron testigos de tamaños incidentes.

No tengo un argumento claro, como para justificar la razón por la cual, me vi envuelto en circunstancias que me hicieron presenciar tantos sucesos extraordinarios en mi vida. Alguna vez, una vidente me dijo que, conforme a mis rasgos emocionales, podría ser yo un adulto índigo. En aquel instante, no le di mucho crédito, porque nunca creí en esos conceptos rebuscados que utiliza la gente esotérica para clasificar a las personas de ciertas características materiales y espirituales. Además, debido a mi formación académica racional, estaba lejos de aceptar clasificaciones o conceptos que no estuvieran alineados con las ciencias exactas.

Sé que mi narración puede leerse increíble, tanto que, hasta hoy me cuesta trabajo dar una explicación racional a mi condición de testigo presencial, sobre eventos que me enseñaron acerca de la existencia de entidades, tales como: duendes, maestras sanadoras, espíritus, arcángeles, demonios, naves de origen desconocido e, incluso, seres reptilianos.

Por eso, después de casi veinte años, tomar la difícil decisión de escribir libros sobre estos temas, para relatar algunos detalles de semejante coyuntura, así como los pormenores de la técnica de "Maestría Cuántica", que me hizo emerger de mi angustiosa y rebelde depresión, resultó en un proceso muy delicado para mí y para mi carrera profesional.

El punto de inflexión que me llevó a elaborar esta técnica de "Maestría Cuántica" se produjo cuando, sumergido en mi soledad e inmensa tristeza interna, esa que solo se siente durante el proceso depresivo, me pregunté: "¿vale realmente la pena vivir esta vida?". Después de darle un par de vueltas, caí en una nueva y simple interrogante: "¿Qué sentido le doy a mi existir?".

Si, admito con franco pudor que en algún momento pensé en acabar voluntariamente con mi existencia. Sin ir más lejos, en más de una ocasión, mientras divagaba perdido y desorientado en ese oscuro periodo de tinieblas, en que mi asesina depresión estaba abrumándome sin reparar en la más mínima piedad, estuve con la soga aferrada al cuello, listo para emprender la partida.

Estaba en esos cuestionamientos, cuando comenzó todo. Aquel episodio donde los hologramas de personas extintas me visitaron en mi lecho de hospital para besar mi frente, no fue precisamente algo que se podría haber ignorado con facilidad. "A ver, ¿estoy realmente interesado en seguir aquí, en este mundo de hipocresía? Si existo en él, quizá se deba a un propósito determinado, solo debería tener las ganas de averiguarlo", reflexioné.

Pero, ¿quién define ese propósito? Al preguntar a los espíritus, ellos me respondieron que había sido yo mismo el arquitecto del film que me había tocado interpretar en la Tierra. Lo había definido antes de venir al mundo material, es decir, cuando todavía era un espíritu o supra consciencia, tal y como lo eran ellos.

Entonces, ¿quién más que yo era el responsable y artífice de mis propios eventos esparcidos en el trayecto de mi destino? Valiéndome de un ánimo forzadamente vigoroso, que no tenía por donde sacar a relucir, una noche me recompuse y me dije: "Tengo un problema grave, que es mi depresión severa. Me apresa la mente y el cuerpo. Pero, espera un minuto, la depresión tiene de rehén a mi consciencia, pero eso no me impide enviarle, a través de ella, mensajes a mi inconsciente. Y, ¿qué tal si lo hiciera mediante algún método? Si la existencia de esta patología mental llegase a depender de mi inconsciente, bastaría con reprogramarlo. Podría, entonces, erradicar de mi mente este deplorable estado de consciencia y volver a tomar el control, para así escapar de las férreas garras del desánimo patológico y seguramente de la misma muerte".

Mi formación ingenieril y mi amor por el análisis, me hicieron acotar el problema para desmenuzarlo en partes pequeñas y observarlo desde una perspectiva algo más elevada. En seguida, comencé a elaborar la estrategia para hincarle el diente y encontrar una solución que me permitiera salir por fin a la superficie. Así poder comenzar a respirar con normalidad, pues ya estaba al borde de la asfixia mental.

Cuando tengas un problema por resolver, antes de hacer cualquier cosa, debes definir una estrategia de solución. Si quieres ganar una guerra, debes tener una buena estrategia.

Pero, ¿qué es una estrategia? Una estrategia responde a las siguientes interrogantes:

1. ¿Para qué?
2. ¿Qué?
3. ¿Quién?
4. ¿Cómo?
5. ¿Cuándo?
6. ¿Donde?

Si cualquiera de estas preguntas queda sin respuesta, las posibilidades de que tu estrategia resuelva el problema, por sencillo que parezca, son bajas. Para determinar la técnica de manifestación que más se acomode a tu necesidad, tendremos que partir por confeccionar la estrategia.

Respondamos la primera pregunta: ¿para qué? ¿Para qué quieres manifestar o tener el poder de hacerlo? ¿Sabías que, lo quieras o no: "grandes poderes revisten grandes responsabilidades"? Si quieres asumir esa responsabilidad, entonces, sigamos adelante.

El propósito más recurrente que escucho decir a la gente que quiere manifestar un deseo es: "quiero adquirir el poder absoluto de manifestar, para ayudarme a mí mismo y a los demás", o "quiero poder manifestar todos mis deseos y así tener todo lo que he soñado". Cualquier justificación es válida, no obstante, jamás debes perder de vista las implicancias de lo que significa transformarse en un aspirante a "maestro cuántico", o persona que manifiesta el 100% de sus anhelos, enfocado mayormente en el ámbito espiritual.

La segunda pregunta que debes responder es, ¿qué? Es decir, qué es lo que quieres manifestar: éxito en los negocios, en el amor, dinero abundante o, tal vez, un carro nuevo, etc. La clave está en definir ese qué. Y poner todas tus energía y atención en él. Debes creer firmemente en su factibilidad, pues, **"si lo crees, lo creas"**, dice el dicho.

La tercera pregunta es, ¿quién? Debes establecer quien ejecutará para hacer que tu estrategia funcione. En este caso, serás tú mismo, porque lo que debes imaginar es ese carro y tú dentro de él disfrutándolo. También podrías querer, por ejemplo, que algo resultase a terceras personas, como cuando manifesté para beneficiar a mi amiga Verónica.

La cuarta pregunta es, ¿cómo? Deberás construir, no solo la sensación en tu cerebro, como si ya se hubiera cumplido tu deseo, sino que, además, deberás definir el mecanismo que te ayudará a encontrar el método de manifestación más adecuado para ti. Ese que utilizarás para hacer que tu anhelado sueño, se manifieste en tu realidad perceptual.

La quinta pregunta es, ¿cuándo? Deberás establecer un plazo máximo para que tu inconsciente lo asuma como ley, y lo perciba como si se tratase de un hito muy importante que debe cumplirse sin demora.

Y, por último, la secta pregunta, se refiere a: ¿dónde? El lugar es muy importante, ya que habla acerca de la escenografía donde ocurrirá el evento que marcará el hito de cumplimiento de tu deseo.

Entonces, el algoritmo, es decir, el paso a paso, con sus condiciones y ciclos repetitivos para desplegar tu estrategia de elección, gracias a la que definirás el tipo de mecanismo de manifestación (consciente o inconsciente), conforme a tu nivel de consciencia, se vería de la siguiente forma:

1. Obtener tu calificación mediante, "diagnóstico cuántico".
2. Si tu calificación es inferior o igual a cinco, entonces:
   a. Ejecutar método de "circulación energética" para atenuar o eliminar miedos y "creencias reductivas".
   b. Elegir "método inconsciente".
   Si no,
   c. Elegir "método consciente".
3. Si método elegido es inconsciente, entonces
   a. Seleccionar tipo de "método inconsciente".
   Si no,
   b. Seleccionar tipo de "método consciente".
4. Fin

CAPÍTULO XX: MAESTRÍA CUÁNTICA – MÉTODO

Para explicar los orígenes de esta colosal fórmula de manifestación, me he remitido a los resultados obtenidos luego de casi veinte años de profundos estudios, en los que revisé varios otros métodos basados en diversos componentes metafísicos.

Confeccioné un compendio de varias técnicas para rescatar lo mejor de cada una de ellas. Me di a la tarea de ponerlas en práctica para obtener alguna evidencia palpable que confirmara o refutara la efectividad de sus pasos. Luego, las clasifiqué y ordené con el propósito de diseñar técnicas más eficaces, a cuyo paraguas denominé, "Maestría Cuántica".

Quizá lo puedas leer majadero, ya que lo he dicho en varios pasajes de este libro, pero no renunciaré de repetirlo porque, conforme a mis análisis, es la única manera de hacer realidad tus sueños, garantizando una experiencia extraordinaria. Una que, al comienzo te parecerá inconcebible, pero, transcurrido el tiempo, se convertirá en tu estilo de vida, como se transformó para mí.

Intentaré resumir en una frase simple, precisa y directa los requisitos para la "manifestación efectiva": "**La clave para manifestar de forma efectiva, está en erradicar de tu mente tus creencias reductivas, procurando fijar la atención en el objetivo deseado, por un lapso de tiempo específico, vibrando en un férreo pensamiento de determinación, convicción y seguridad, que no solo es capaz de rebasar lo meramente material, sino que, además, puede llevarte a alcanzar un estado de consciencia espiritual elevada (quinta dimensión)**".

Si logras hacer tuyo cada uno de los mensajes que guarda la frase anterior, entonces, ten por seguro que lograrás lo que te propongas en tu vida, sin que nada ni nadie te detenga.

Para que no te queden dudas, a continuación, desglosaré la frase de "manifestación efectiva":

1. "Erradicar tus creencias reductivas": ¿cómo lo harás?

Una de las maneras más eficaces es recurriendo a la técnica de "circulación energética", descrita en los primeros capítulos de este libro. Otra alternativa, tal vez, la menos popular, debido a los miedos que no todos están dispuestos a enfrentar, es la técnica de los "Treinta grados", que permite ver las energías de los vivos y los hologramas de los espíritus. Como le ocurre a la gran mayoría de la población, tú has de ser de aquellas personas que dicen, "ver para creer". Bueno, cuando logras presenciar espíritus, le pierdes el miedo a la muerte, porque recién entonces te enteras de que hay vida más allá de la vida. Por consiguiente, es altamente probable que todos los otros miedos arraigados en tu consciencia desaparezcan, en consecuencia, lo mismo harán tus "creencias reductivas" más rebeldes.

2. "Procurar fijar la atención en el objetivo deseado": ¿cómo es eso? Si tu propósito es manifestar la casa de tus sueños, un carro, un trabajo, o lo que quieras, debes hacer que tu mente concentre toda su atención en las características de ese artefacto o evento que deseas ocurra en tu vida.

3. "Por tiempo específico": ¿cuánto tiempo? Dependerá de las sugerencias de la técnica de manifestación elegida (Consciente o inconsciente). En lo medular, la mayoría de las técnicas sugieren la idea de pedir y luego olvidarse del asunto. Le llaman, "soltar" o despojarte del control del pensamiento manifestado. Recuerda que cuando un problema te aqueja, se destraba o resuelve cuando dejas de preocuparte por él. Aquí es lo mismo.

4. "Vibrando en un férreo pensamiento de determinación, convicción y seguridad". ¿Cómo logras eso? Recuerda el ejercicio de la intuición, explicado en el capítulo de "Diagnóstico de intuición". Este consiste en invertir el polo de tu consciencia, haciendo con ello que vayas recuperando tu amor propio y, por tanto, reconstruyendo tus sentimientos de determinación,

convicción y seguridad. No olvides que la vibración alta es fundamental para elevar tu nivel de consciencia y alcanzar el estado que necesitas para grabar la orden de manifestación en tu inconsciente, de manera que este proceda a construir, en el campo cuántico o "Lattice", el escenario y las condiciones que definiste en tu manifestación.

Gracias a la aplicación de las técnicas de "Maestría Cuántica", tuve resultados increíbles que hasta hoy no dejan de sorprenderme. Entre otros, pude, por ejemplo, salir de mi implacable depresión severa. También, curarme de un problema rebelde que afectaba mi muslo izquierdo y eliminar una añosa afección de colon irritable.

Antes de comenzar con la elaboración de esta propuesta de solución, quiero dejar en claro algunos planteamientos que no suelen mencionar quienes proponen sus propias fórmulas de manifestación. Todos los métodos que podamos encontrar son válidos, en la medida que los adopten personas que sintonicen con los requisitos esperables, así como con los estados de consciencia requeridos por los mismos. Debemos recordar que toda técnica de manifestación persigue el difícil objetivo de hacer que la consciencia, pueda persuadir al inconsciente, para que este intervenga la "Lattice" o campo cuántico, adecuando su arquitectura a nuestro favor.

A mi modo de ver, amparado en variados estudios, la relatividad con que las personas obtienen resultados aplicando algunos métodos de manifestación, se relaciona no solo con el bajo nivel de rigurosidad que ellas emplean para llevar a cabo los pasos de la fórmula; sino también, con el estado de ánimo presente en el interesado al momento de querer manifestar (baja vibración).

Si bien, una "manifestación efectiva" consiste en tener la mente concentrada en un objetivo particular, también debe existir una emoción y vibración en el corazón, acorde al pensamiento que lo genera. Es un proceso integral, donde convergen sin vacilar una profunda sensación provocada y un pensamiento auto sugestivo que sustenta al propósito perseguido.

Debo aclarar que, así como las palabras, los estados de ánimo también influyen al momento de querer ejercer el poder de nuestra energía para cambiar una realidad perceptual. Por eso, es muy importante acudir a un proceso de meditación, que aplique previo o durante la ejecución de una manifestación. Esta es una de las consideraciones a tomar en cuenta, pues es la que responde a la recurrente pregunta: "¿por qué a él o a ella le resulta la manifestación consciente y a mí no?".

En resumen, no importa el método de manifestación que quieras utilizar. Si tu consciencia no dispone de un mínimo de autoestima o creencia en sí misma, difícilmente podrás ocuparlo de manera efectiva ni menos eficaz. El mismo criterio cobra validez para las personas escépticas, ya que es su misma condición mental reductiva la que restringe cualquier posibilidad de alterar la realidad perceptual.

Si todavía tienes dudas acerca del poder de tu mente inconsciente y lo que esta es capaz de hacer en tu realidad perceptual, te invito a realizar el siguiente y sencillo ejercicio. Lo harás durante 4 noches seguidas. Se llama el "test de la escalera".

1. Estás en tu cama, poco antes de dormir y comienzas a cerrar los ojos. Imagina que estás frente a una escalera de esas que usan los pintores. Imagina que te acercas a ella con la intención de escalarla.

2. Ahora, imagina que te apoyas en sus barandas y pones tu pie derecho sobre el primer peldaño, incluso, puedes ver tu zapato sobre él.

3. Luego, apoyas tu mano derecha en el borde superior, para impulsarte y continuar el ascenso. Fíjate atentamente en cada detalle de la escalera, definiendo si es de madera o metal.

4. En seguida, avanzas con el pie izquierdo, y así, sucesivamente, hasta llegar a la parte superior donde te sentarás a contemplar a tu alrededor.

Comprobarás que, al cuarto día, y despendiendo de tu estado de consciencia, te encontrarás frente a frente con un escenario donde habrá una escalera de pintor esperando a que la escales. Sin duda te sorprenderá, porque jamás podrás creer lo fácil que puede llegar a ser, cambiar con tu inconsciente la arquitectura del campo cuántico o "Lattice". Estoy seguro de que, después de comprobar la eficacia de tu poder mental, comenzarás a estudiar afanosamente las técnicas para transformarte en un "maestro cuántico".

A continuación, te presento el primer método de "Maestría Cuántica" para cambiar tu realidad perceptual. Con esta técnica, podrás realizar "manifestación consciente" en el momento que lo desees. Este proceso lleva por nombre, el método de: "El guerrero".

Paso 1. Dirígete a un lugar donde te sientas cómodo, donde no haya nadie que te pueda interrumpir. Siéntate en ese lugar, ya sea una plaza, tu cuarto, el lugar que tú elijas. Bien, ahora pon tus manos sobre tus rodillas, cierra los ojos e inspira profundo cinco veces, manteniendo la concentración en tu respiración.

Paso 2. Mientras estas en ello, deja que todos tus pensamientos fluyan libremente, sin importar si son negativos o positivos. Llegará un instante en que tu mente se cansará de mostrar eventos o situaciones y quedará en blanco. Si a pesar de tu esfuerzo no logras evaporar los pensamientos, insiste hasta que lo logres. Si aun así no lo consigues, haz de cuenta que estás dentro de una habitación pintada completamente de blanco. Si no la logras ver, procede a concentrarte y visualízate pintándola tú mismo de blanco, valiéndote de un grueso rodillo, tantas veces como requieras.

Paso 3. Ahora, imagina que, dentro de esa habitación aparece una máquina del tiempo. Ingresa dentro de ella y presiona el botón que te trasladará al pasado, al momento y lugar preciso de tu vida en que tuviste la sensación de éxito. ¿Recuerdas cómo te sentías? ¿Cómo sentías tus pies, tus manos, tu rostro, tu cuerpo en general? Sin duda debes haber estado con un grado de determinación, convicción, seguridad y vibración bastante alto. Ahora, imagina que te encuentras observando a esa versión tuya del pasado. Abrázala con euforia y felicítala por el gran logro obtenido.

Paso 4. Empápate de esa emoción y comienza a hacer tuyas nuevamente esas sensaciones de algarabía, absorbiendo cada una de esas reconfortantes emociones que te hicieron vibrar alto en ese preciso instante. ¿Recuerdas que creías ser el dueño o la dueña del mundo? Estabas convencidísimo o convencidísima de que todo lo que hicieras en ese instante o en el futuro, para lograr algún objetivo, se iba a concretar sin ningún problema.

Paso 5. Ahora, en tu mente, recuerda esas frases que te dan fuerza interior, esas palabras que sabes que cada vez que las pronuncias se te paran los pelos. Por ejemplo: "lo voy a lograr", "ya es mío", "esto es así, porque yo lo quiero" y "va a ser así, porque así lo he decidido, nada ni nadie me detiene". Repite esas frases hasta que te sientas determinado, convencido y seguro de que lo que acabas de decir se cumplirá a cabalidad. En ese preciso momento, no olvides poner en sintonía tu corazón, sus sensaciones con el cerebro y el férreo pensamiento combativo de lo que ordenaste al inconsciente. En ese instante, debes inyectar a ese deseo, toda la pasión y sentimiento que tengas, desde tus mismas vísceras; aplicando en voz alta y al unísono, esas fulminantes y quemantes frases que te acabo de describir. Pueden ser tus propias frases de guerra.

Paso 6. Regresa al presente, en la misma máquina que te llevó al pasado. Ahora, focaliza tus pensamientos en ese objetivo que tú necesitas que se cumpla. Recuerda tus frases épicas y vuélvelas a repetir a viva voz con total determinación, convicción y seguridad, proyectándolas en el ahora, en presencia presente.

Paso 7 y final. Vuelve a respirar cinco veces profundo, abriendo los ojos calmadamente. Si quieres reforzar esta técnica, repítelo en la noche poco antes de dormir. Puedes estar seguro de que si la utilizas, te va a ir muy bien en todo lo que te propongas, porque habrás manifestado con éxito tus deseos, por más complicados o inalcanzables que parezcan.

Bien, finalmente, te enseñaré una técnica de "Maestría Cuántica" que yo utilizo, cuando estoy con ganas de divertirme y preso de la inmediatez con que se vive en estos días. La vengo utilizando con éxito desde hace quince años. Gracias a ella, me han sucedido las anécdotas más increíbles y divertidas que haya experimentado durante mi vida; entre ellas, las que te relaté antes.

Es un mecanismo basado simplemente en la visualización consciente. Le llamo el método de manifestación de, "los 3 segundos". Es instantáneo, consciente y muy eficaz. Consiste en los siguientes pasos:

1. Imagina que estás apostando en un juego de azar. Puede ser el de la "pirinola". En él se lanza un hexaedro donde en cada lado aparece una opción. Una de ellas, dice

"Toma todo", que significa que llevas para ti, todo lo que se haya apostado sobre la mesa. Se juega en grupo, así que todos ponen dinero, o lo que quieran apostar.

2. Imagina en solo tres segundos, tu escenario ideal en tiempo presente, recurriendo a tu más profunda intención e imprimiendo el foco energético más potente que tengas en ese momento, alineándolo a un único sentimiento, proveniente desde tus mismísimas vísceras. Uno que unifique: determinación, convicción y seguridad, elevando tu vibración, mediante la máxima conexión entre tu mente y tu corazón.

3. Antes de que ocurra la escena deseada, imagina que recién has lanzado la "pirinola" sobre la mesa y ha caído en la opción "Toma todo", es decir, has ganado el premio mayor y estás sintiendo una inmensa satisfacción de felicidad y dicha por tu triunfo.

Cuando apliques esta técnica, tu sentimiento central debe estar ajeno a la avaricia o al estrés. Sin importar la suma de dinero o lo que estén apostando, tú solo abstráete y tómalo como lo que es, un simple juego para divertirse. Para ser más preciso, el sentimiento al que tendrás que adherir, es el que embarga a un "trader" durante la compra y venta de instrumentos financieros, en la bolsa de comercio del mercado bursátil. Por si no lo sabías, para tener esa profesión se requieren ciertas características psicológicas. Les llaman los "mente fría", o de psicópata. Es decir, alguien que no se aferra a emociones blandas, tales como: miedo, incertidumbre, empatía o cualquier otra emoción de incluya algún grado de debilidad mental.

Por más que haya renunciado a utilizar estas ventajosas técnicas, que me permiten conseguir lo imposible, todavía me hacen sentir incómodo. Esto, por las razones explicadas en los capítulos iniciales de este libro. Hoy solo acudo a ellas en circunstancias sin trascendencia. Por ejemplo, en aquellas para divertirme. Y, vaya que muchos de esos episodios, me han resultado bastante jocosos.

Un día, después de siete años de haber abandonado cualquier tipo de deporte en mi vida, para dedicarme al sedentarismo que promueve el vivir frente a una computadora, decidí, con poco o nada de optimismo, solicitar mi incorporación al equipo de fútbol amateur del barrio donde vivo hace cuatro años. La agrupación deportiva llevaba bastantes años funcionando con éxito. Todos allí se conocían, en cambio, para ellos, yo les era un completo foráneo.

El club estaba compuesto por personas jóvenes, las que entrenaban intensamente dos veces a la semana. Paseando cerca de allí, los veía reunirse y jugar por alrededor de tres o cuatro horas.

Sin más ejercicio que aquel de levantarme de la cama o del asiento para ir a comer, me entusiasmé y quise estar a la altura. Ellos eran intrépidos y habilidosos hombres de entre veinte y treinta y cinco años. Yo, por mi lado, un veterano de cincuenta y cuatro otoños. "Tienes un aspecto más joven del que dice tu edad cronológica", dijo uno de ellos cuando, con cierto recato, comenté acerca de mis cinco décadas.

Después del primer partido de futbol, quedó clara la inmensa brecha física y técnica que había entre ellos y yo. Aquellos avatares volaban como aviones hipersónicos y se deslizaban en el campo de juego como si el balón fuese su mejor amigo. Yo tropezaba con frecuencia conmigo mismo, aterrizando con estrépito sobre el piso de cemento, limpiándolo con mis ropas, pasando mi lengua sedienta y traposa. Cada finta que pretendía hacer con el balón, me salía como la jugada del más torpe principiante, sin técnica ni menos estilo.

Avergonzado, tuve la sana intención de abandonar de manera temprana el, para mí, demandante desafío deportivo. "¡Hey! Si vas a traer jugadores como él, significa que te has convertido en un traidor y quieres arruinar a nuestro club", alegó un jugador, espetando sus ácidas críticas a quien me había dado cabida en el equipo.

Humillado en lo deportivo, para el siguiente partido, me propuse utilizar, por única vez, la técnica de manifestación de "los tres segundos". Así lo hice, antes de ingresar, visualicé mi más notable actuación. Me vi haciendo goles y celebrando con una euforia desbordante. Sentí la emoción alegre y decidida desde las mismas entrañas, como si ya hubiera sucedido. Entonces, me dije: "ninguno de estos jugadores es mejor que yo en este deporte. Soy el mejor y ahora nada me detiene". En ese momento, sentí fluir en mí, una enorme e indescriptible energía. Mi determinación, convicción y seguridad fue corpórea, absoluta y fulminante. En seguida, me olvidé.

Durante el desarrollo del cotejo, no solo desplegué

admirables habilidades, sino también, un estado físico muy desconocido y ajeno a mí esencia. En extremo, superior al pobre y vergonzoso desempeño que había mostrado en el primer encuentro.

Al culminar el juego, el resultado fue asombroso. Imagina ver a un desaliñado jugador, siendo el peor de todos en el primer enfrentamiento y, al siguiente, deslumbrando a los participantes con una actuación descollante, que concluyó en un triunfo inapelable de su equipo.

No hubo forma de que aquel divertido suceso pasara inadvertido para ninguno de los presentes en el match.

—¿Dónde habías ocultado ese desconocido talento? Nos hiciste los goles que quisiste y encima nos avergonzaste, corriendo como si te persiguiera el mismísimo demonio. No puedo creerlo, demostraste la flexibilidad y rapidez de un chico de veinte años —dijo riendo uno de los rivales.

—Tienes que venir a jugar con nosotros. Es más, queremos que te inscribas en el campeonato oficial —agregó otro más allá.

En aquella vibrante noche ignoraba que, en medio de la tribuna, alguien había estado observando atentamente la intensa competición. Era un conocido de la Tuca, la dueña de la casa donde alquilaba mi habitación.

Al otro día, después del almuerzo, me encontraba en el cuarto de cocina lavando un par de platos, cuando de improviso la Tuca se acercó y me preguntó curiosa:

—¿Miguel, de verdad que anoche fuiste a jugar al fútbol con los chicos del barrio?

—Si, en realidad me hice el invitado de piedra —respondí sonriendo, concentrado en lo que estaba haciendo.

—No tenía idea de que jugabas fútbol —continuó—. Es que, siendo fiel testigo de tu sedentario estilo de vida, es difícil imaginarte jugando a ese deporte tan exigente. Y, todavía, calificando como el mejor jugador del partido —profirió la veterana mujer.

Sorprendido, giré la cabeza para dirigirle la mirada. "¿Cómo sabía ella acerca de lo bien que me había ido en mi osadía deportiva?", pensé.

Antes de que le preguntara sobre su fuente de información, ella se adelantó.

—Hoy en la mañana, mientras dormías, vino un vecino del sector, quien presenció en directo tu actuación de anoche. Me contó que te luciste y que hiciste todos los goles de tu equipo —aseguró la mujer, esbozando una tenue sonrisa incrédula.

En mi mente me reí a carcajadas, porque sabía muy bien cómo lo había hecho para que esa increíble situación ocurriera de esa manera.

Si, no podía parar de reír por haber hecho trampa. Creo que ella nunca imaginó siquiera de que yo había recurrido a la "Maestría Cuántica" para amoldar la realidad. A pesar de considerarla una "mentirilla piadosa", admito no sentirme muy cómodo cada vez que reconozco la asombrosa ayuda que me brindan mis métodos. Más todavía, cuando no informo a los demás sobre su uso y goce.

Más tarde le conté a la Tuca sobre mi secreto, ella rio.

—Ahora entiendo, habría sido imposible de otra manera —sentenció la mujer.

CAPÍTULO XXI: MAESTRÍA CUÁNTICA – CONCLUSIÓN

Existe algo que debes saber y es que no necesitas grandes esfuerzos para conseguir tu felicidad. Si, porque eres el artífice y artesano de tu propia realidad. Lo que percibes afuera es lo que tienes por dentro. Por eso, debes iniciar modificando esas emociones y pensamientos que te mantienen encerrado entre las estrechas paredes del sistema, impidiéndote ver el alcance de tus inmensos poderes.

Por distintas circunstancias, en tu mente navegarán deseos que querrás cumplir en el corto, mediano o largo plazo. Esto, porque existen anhelos que tienen que ver, por ejemplo, con: "éxito en el examen de mañana", "aprobación del semestre que terminas dentro de un par de meses", o "la conclusión exitosa de tu carrera universitaria". Así que, vamos a resumir la secuencia de pasos que necesitas seguir para aplicar "Maestría Cuántica" efectiva, en los plazos que requieras.

No importando el tiempo que estés considerando para que tu manifestación se haga efectiva, mi sugerencia es que tu primer paso debe consistir en someterte al "diagnóstico de intuición". En seguida, deberás hacer lo propio con el "diagnóstico cuántico".

Una vez que tengas claro tu "AS IS", es decir, el estado de tus diagnósticos, inicia con la práctica sistemática de la técnica de "circulación energética", pues es la forma de comenzar a suprimir tus miedos e inseguridades. En mi caso, me entrené en ella, sin vacilar, por un periodo aproximado de seis meses. Seguramente, habrá personas a quienes le demande menor tiempo, o quizá un poco más. Como dije al principio, todo dependerá de su nivel de consciencia, vibración, creencias, egos y miedos.

Bien, después de que hayas entrenado lo suficiente en "circulación energética", comenzarás a notar variados cambios. Los primeros que evidenciarás, tendrán que ver con un importante aumento en tu grado de confianza. La mayor parte del tiempo lucirás de mejor ánimo. Sentirás una armonía corpórea que se reflejará en la intensa luminosidad energética que proyectará tu imagen.

Entonces, las técnicas de "Maestría Cuántica" a aplicar para la "manifestación de corto plazo":

1. Técnica de "circulación energética".
2. Técnica de los "tres segundos".

Las de "manifestación de mediano plazo":

1. Técnica de "circulación energética".
2. Técnica de "El guerrero".

- Alternativa: técnica de "Vista previa".

La de "manifestación de largo plazo":

1. Técnica de "circulación energética".
2. Técnica de "El dibujo escrito".

- Alternativa: técnica de escritura y grabación de tu voz con música de "estimulación de inmersión sensorial" de fondo, describiendo, en tiempo presente, el escenario futuro deseado, para oírlo en modo repetitivo (técnica de la repetición para crear hábito).

Finalmente, quiero recordarte el hecho de que siempre debes procurar mantener una vibración alta. Por cierto, no olvides ser preciso con la información que provees a tu inconsciente. Debes nutrirlo muy bien acerca de los detalles del escenario que deseas manifestar, imprimiéndole una adecuada intención y un comportamiento corpóreo consecuente de tu parte, es decir, el **"ya lo tengo"**. Solo así tendrás mayores posibilidades de evidenciar el efecto que esperas.

El lapso de tiempo que deberás esperar, desde la ejecución del acto de manifestar, hasta su concreción en la realidad, dependerá únicamente de la intensidad emocional, visceral y persuasiva que apliques al momento de realizar la solicitud, acuñando sin titubeos dentro de tu ser una franca: determinación, convicción y seguridad.

CAPÍTULO XXII: BONUS TRACK– TÉCNICA DE LOS "TREINTA GRADOS"

Uno de los requisitos no obligatorios, pero deseables para llegar a ser un "maestro cuántico", es el dominio de la técnica de los "Treinta grados". El método fue descubierto en el año 2008, pero recién comprobado en el 2011. Este sencillo, pero muy poderoso mecanismo se basa en la posición de los ojos. Permite acceder a la "dimensión divina" o cuarta dimensión, también conocida como la dimensión del más allá o la de los espíritus.

Los pormenores acerca de cómo se descubrió esta alucinante manera de ingresar a mundos desconocidos, vienen descritos en el libro, "Treinta grados – Portal al más allá", publicado en agosto del año 2020. Cabe destacar que el alcance de este poder es inimaginable, pues, durante mi descubrimiento pude ver duendes, espíritus, demonios y maestros sanadores. En resumen, entes sobrenaturales que jamás pensé podrían llegar a existir.

Además, con esta reveladora técnica, se pueden ver las energías de las personas vivas. Por ejemplo, supongamos que tu madre se fue de vacaciones al sur y te has quedado a cuidar su casa.

Hagamos de cuenta que ella suele pasar gran parte de su tiempo en una zona específica de la casa; en este caso, en el living. Imaginemos que a ella le gusta tejer y siempre se toma el cabello. Suele vestir de chaleco rojo y jeans azules. Si aplicaras la técnica de los "Treinta grados", podrías verla a ella en forma de holograma, repitiendo la misma rutina que habitualmente le ves ejecutar en aquel lugar preferido de su casa, el que más frecuenta. La verás tejiendo vestida con su ropa favorita. Podrás observar cuando se pone de pie, camina y vuelve a sentarse, repitiendo un ciclo de nunca acabar, vistiendo su acostumbrado jean, chaleco rojo y su cabello tomado.

Notarás que es como cuando reproduces un video de treinta segundos en modo repetición. Serás testigo de un evento en tiempo real, como si tu madre estuviera presente y no notara tu presencia, remitiéndose a realizar movimientos específicos e infinitos.

Ahora enumeraré los resguardos que deberás tener en cuenta si en algún minuto te animas a utilizar esta técnica:

1. Si durante su aplicación notas presencias de espíritus, por ningún motivo intentes comunicarte con ellos.

2. Evita por todos los medios mirarlos a los ojos.

3. No huyas ni te asustes si los ves muy cerca de ti, ya que notarán de inmediato que los puedes ver y, entonces, podrían comenzar a seguirte donde quiera que vayas. Esto, porque muchos de ellos querrán que les hagas algún favor terrenal.

4. No les demuestres miedo, porque cuando se sienten superiores, creen que estás para servirles, entonces, tu convivencia con ellos podría tornarse insoportable e inconveniente para tu integridad física y mental.

Te recuerdo una vez más la frase: "Grandes poderes traen grandes responsabilidades".

¿Por qué la técnica se llama, "Treinta grados"? Le llamé así, porque el foco de atención que la vista adquiere en el punto de visión, luego de haber tomado la posición requerida para abrir el espectro astral, forma exactamente un ángulo de treinta grados.

Es preciso aclarar que no es necesario ser vidente para ocupar este método. Todo el mundo lo puede utilizar y no hay restricciones de ningún tipo, salvo las que pudieran herir susceptibilidades del mundo religioso, o de algunas personas que aseguran tener dotes extrasensoriales. La responsabilidad de su uso, recae únicamente en quien desee utilizarla. Recomiendo que no la uses sino estás seguro.

Esta técnica es muy similar a la utilizada para admirar esos cuadros que contienen paisajes ocultos, dibujados en tres dimensiones. Habrás visto algunas pinturas que parecieran simples y coloridos mosaicos hechos con trozos de papel picado que, al verlos a simple vista, parecieran no tener ningún sentido. Pero que, luego de un instante de observarlos fijamente y con menuda atención, en un punto específico, de manera repentina, se ven aparecer hermosas figuras y paisajes diseñados en tres dimensiones. Y no es que los fabulosos cuadros sean obras dinámicas, que varían su fisonomía como un cartel publicitario. No, nada de eso. La responsable de la conveniente alteración visual, es la posición que adoptan los ojos del observador, adaptándose para ver el verdadero contenido de la misteriosa obra artística.

Bien, vamos a enumerar cada uno de los pasos de esta novedosa y enigmática técnica.

1. Ubícate en el centro de la habitación donde quieras aplicar este método. De preferencia, hazlo durante la noche. Recurre a una luz tenue y reposada. Puede ser la de una lampara. Como requisito inicial, el lugar debe quedar en luz baja.

2. Bien, ahora apunta tu mirada hacia un lugar donde exista un fondo concreto. Puede ser una muralla o cualquier muro que defina algún tipo de límite frente a ti.

3. Concéntrate en tu mirada y en la posición que adquieren las pupilas en esa mirada. Intenta poco a poco poner los ojos estrábicos o torcidos. Es decir, un poco turnios, apuntándolos lentamente hacia el punto medio, entre tú y la muralla que se encuentra al fondo frente a ti.

4. Es como si tomaras una guincha de medir y suponiendo que, entre el muro y tú, hubiera dos metros de distancia. Entonces, debes fijar la vista a la misma altura de tus ojos, donde la medidora esté marcando un metro de desde donde estés. Vale decir, justo en el punto medio.

5. Conserva la mirada en esa posición y distancia de forma persistente. Procura no perder la paciencia y mantenla hasta que quede de ese modo, en un ángulo de treinta grados.

6. ¿Cómo te enterarás de que estás observando en treinta grados? Porque, a tu vista, la imagen de fondo se pondrá borrosa y, entre quince y treinta segundos, se producirá la magia. Podrás moverte en trescientos sesenta grados y tu mirada se habrá adaptado para mostrarte la otra dimensión. Esta es descrita en detalle en los libros

"Treinta grados – Portal al más allá" y "Proyecto Seven – En la búsqueda del gran portal".

7. Si llegan a existir presencias etéreas rondando el lugar; es decir, espíritus, los verás deambulando de manera autónoma, sin restricción de espacio ni tiempo, como si se tratara de personas corrientes, caminando y observando el lugar.

    También, podrías encontrarte con los hologramas de personas vivas. ¿Cómo las diferenciarás de los espíritus? A ambos espectros los percibirás transparentes, sus cuerpos y ropas lucirán muy nítidas. Sin embargo, a diferencia de los espíritus, cuyos movimientos resultan autónomos, en el caso de los hologramas de las personas vivas, comprobarás que sus desplazamientos serán repetitivos. Estarán en un bucle, circunscribiéndose a un perímetro acotado del lugar donde te encuentres.

Debo agregar que, esta técnica tiene sus complejidades, porque no es muy simple para la mayoría conseguir posicionar los ojos como se requiere. Por esa razón, te sugiero que, antes de intentar aplicarla, realices diariamente y por separado, los siguientes ejercicios. Esto, por el periodo de al menos un mes.

1. Ponte frente al espejo y pega un pequeño trozo de papel negro y redondo en tu entrecejo. Así como el que usan las personas en la India. Obsérvalo fijo un buen rato.

2. Relajadamente, trata de enfocar la mirada justo en la esquina superior de tu habitación, donde convergen las tres líneas dimensionales que unen al techo con las dos paredes. Comienza a entrecruzar la mirada sin dejar de observar la parte donde se interceptan las rectas del rincón. No olvides aplicar los treinta grados en tu mirada.

3. Posiciona tu mano abierta sobre tu rostro, separando los dedos y dejando sobre tu nariz y entrecejo, únicamente el dedo medio. En seguida, dirige tu vista justo al centro de dicho dedo, a la altura del nudillo interno. De esta manera, tu vista se torcerá, quedando entrecruzada.

ACERCA DEL AUTOR

Miguel Ángel Camiletti Sáez es ingeniero de doble nacionalidad (chilena–italiana). Nació el 9 de agosto de 1970, en Santiago de Chile.

De niño fue amante de las letras y el arte, pero fue en su adultez, al egresar de su carrera universitaria, cuando inició la exploración artística-literaria.

Su infancia y adolescencia se desarrolló durante los años setenta y parte de los ochenta, en los suburbios del sector poniente de la capital.

Desde su juventud, comenzó a adquirir habilidades en el mundo empresarial, donde desarrolló diversos emprendimientos tecnológicos.

Debido a su incansable espíritu investigativo, analítico e intelectual, durante la década de los noventa, Miguel Ángel llegó a ser una de las personas más idóneas en el combate de virus informáticos de Latinoamérica. Formó parte del staff ejecutivo de algunas empresas del rubro tecnológico chileno, donde se convirtió en principal impulsor de la innovación y desarrollo digital.

Después de la tragedia de Antuco, ocurrida el 18 de mayo del 2005, en la ciudad de Los Ángeles –octava región– y, en memoria de un ser querido, Miguel Ángel creó y dirigió el extinto sitio web Héroes de Antuco. En él, junto con recordar a las 45 víctimas, se realizaban crudas críticas y análisis a la contingencia política y social de la época. La página se convirtió en referente obligado para agentes públicos y privados, nacionales e internacionales, tales como: Ministerio del Interior o el matutino The New York Times, quienes obtenían de ella, ideas de variada profundidad: esbozos de planes, propuestas estratégicas de interés y sensibilidad social.

Fue profesor de tecnología en instituciones educativas públicas y privadas. Igualmente, ha colaborado en entidades sin fines de lucro, algunas relacionadas con la superación de la pobreza, rescate y rehabilitación de adicciones a las drogas.

En el 2011, lideró el desarrollo y la implementación tecnológica del primer sistema de registro nacional de Bomberos de Chile. El primero en la historia de una noble institución con más de 160 años de tradición. La iniciativa convocó a la Universidad de Chile, junto a un staff de ingenieros de la facultad de ingeniería informática de la prestigiosa casa de estudios.

Miguel Ángel también incursionó en política, donde desarrolló roles de liderazgo, adhiriendo a un criterio constructivo, que le valieron el reconocimiento y apoyo de sus pares. Ello, en momentos en que la política tradicional chilena se encontraba fuertemente desprestigiada, debido a bullados casos de corrupción.

En la actualidad, y desde hace más de veinticinco años, Miguel Ángel reside en la comuna de Maipú, Santiago de Chile. Alejado temporalmente de la vorágine empresarial y política, se ha enfocado en el estudio y profundización de materias tales como: metafísica, espiritualidad y neurociencia. Un conjunto de temas que viene abordando desde el año 2005, los que vuelca de manera abierta y franca en sus novelas, "Treinta Grados – Portal al más allá" y "Proyecto Seven – En la búsqueda del gran portal".

Sus obras sugieren una óptica alternativa de comprensión, acerca de los sistemas terrenales y espirituales conocidos y aceptados hasta nuestros días.

www.ingramcontent.com/pod-product-compliance
Lightning Source LLC
Chambersburg PA
CBHW061254120726

48001CB00001B/300